Educação infantil

EDUCAÇÃO NA UNIVERSIDADE

AVALIAÇÃO EDUCACIONAL *Sandra Zákia Sousa* e *Valéria Virgínia Lopes*
CURRÍCULOS *Marlucy Alves Paraíso*
EDUCAÇÃO DE JOVENS E ADUTOS *Roberto Catelli Jr.*
EDUCAÇÃO ESPECIAL *Jáima Pinheiro de Oliveira*
EDUCAÇÃO INFANTIL *Lívia Fraga Vieira* e *Mônica Correia Baptista*
FILOSOFIA DA EDUCAÇÃO *Ronai Rocha*
GESTÃO DA EDUCAÇÃO *Iracema Santos do Nascimento*
POLÍTICAS EDUCACIONAIS *Carlos Roberto Cury* e *Zara Figueiredo Tripodi*
PSICOLOGIA EDUCACIONAL *Maria de Fátima C. Gomes* e *Marcelo Ricardo Pereira*

Conselho da coleção
José Sérgio Fonseca de Carvalho – USP
Marlucy Alves Paraíso – UFMG
Rildo Cosson – UFPB

Proibida a reprodução total ou parcial em qualquer mídia
sem a autorização escrita da editora.
Os infratores estão sujeitos às penas da lei.

A Editora não é responsável pelo conteúdo deste livro.
As Autoras conhecem os fatos narrados, pelos quais são responsáveis,
assim como se responsabilizam pelos juízos emitidos.

Consulte nosso catálogo completo e últimos lançamentos em **www.editoracontexto.com.br**.

Lívia Fraga Vieira
Mônica Correia Baptista

Educação infantil

Copyright © 2023 das Autoras

Todos os direitos desta edição reservados à
Editora Contexto (Editora Pinsky Ltda.)

Foto de capa
Stephen Andrews em Unsplash

Montagem de capa e diagramação
Gustavo S. Vilas Boas

Coordenação de textos
Luciana Pinsky

Preparação de textos
Lilian Aquino

Revisão
Vitória Oliveira Lima

Dados Internacionais de Catalogação na Publicação (CIP)

Vieira, Lívia Fraga
Educação infantil / Lívia Fraga Vieira
e Mônica Correia Baptista. – 1. ed., 1ª reimpressão. –
São Paulo : Contexto, 2025.
160 p. (Coleção Educação na Universidade)

Bibliografia
ISBN 978-65-5541-265-9

1. Educação infantil 2. Pedagogia
I. Título II. Baptista, Mônica Correia III. Série

23-2052   CDD 372.21

Angélica Ilacqua – Bibliotecária – CRB-8/7057

Índice para catálogo sistemático:
1. Educação infantil

2025

EDITORA CONTEXTO
Diretor editorial: *Jaime Pinsky*

Rua Dr. José Elias, 520 – Alto da Lapa
05083-030 – São Paulo – SP
PABX: (11) 3832 5838
contato@editoracontexto.com.br
www.editoracontexto.com.br

Sumário

Pra começo de conversa 7

Educação da primeira infância:
    bases históricas 17

Bases legais do direito à educação infantil 43

A oferta da educação infantil no Brasil:
    acesso e qualidade 75

Currículo na educação infantil 109

Profissionais da educação infantil:
    qual formação? Qual trabalho? 129

Para refletir e continuar o diálogo 153

As autoras 157

Pra começo de conversa

Ao ingressar no curso de Pedagogia ou Normal Superior, iniciamos ou reiniciamos um processo de formação no qual conceitos, teorias e experiências são relacionados ao campo de estudos da educação infantil. Conforme consta na legislação educacional em vigor desde 1996, o curso de Pedagogia é o responsável pela formação inicial da pessoa que atuará como docente na educação de crianças de 0 a 5 anos de idade, que ocorre em ambiente coletivo, em instituições nomeadas creches e pré-escolas.

Este livro nasce com o compromisso de assegurar, às profissionais que estreiam na carreira, conhecimentos basilares sobre essa que é a primeira etapa da educação básica, possibilitando-lhes uma imersão satisfatória e competente. Também para as pessoas mais experientes e para aquelas interessadas nos temas relacionados à educação infantil, o livro traz dados, informações e conceitos atualizados.

> Neste livro, sempre que nos referirmos a profissionais que atuam na educação infantil usaremos o gênero feminino em respeito ao fato de que a grande maioria dessas pessoas são do sexo feminino.

Nas últimas décadas, temos visto que o entendimento de creches e pré-escolas como instituições educacionais está cada vez mais difundido e, consequentemente, a capacitação para o exercício profissional nessas instituições torna-se mais exigente e complexa a cada dia. O que se entende por instituição educacional destinada às crianças de 0 a 5 anos? Quais são as funções e os sentidos da educação nessas instituições? Quais as concepções de criança, de infância e de educação que orientam o atendimento nessas instituições? Como estão contempladas na legislação educacional? Como se integram ao sistema educacional brasileiro? Que concepções relativas à ação do Estado, da família e da sociedade dialogam ou interferem na oferta educacional das crianças dessa faixa etária? Como os municípios brasileiros, principais responsáveis por essa oferta educativa, vêm se estruturando para assegurar esse direito às crianças e às suas famílias?

Essas e outras questões serão abordadas nos capítulos deste livro. Para contemplá-las, vamos nos orientar pela concepção de criança que vem, paulatinamente, sendo construída no Brasil e que conta, cada vez mais, com a concordância de grupos da sociedade civil, de famílias, de estudiosos, de gestores e de instituições. Segundo essa concepção, as crianças são compreendidas como cidadãs e, portanto, como sujeitos iguais em dignidade e em direito. Supera-se, assim, ao menos no nível teórico, legal e normativo, uma visão da criança como um ser inacabado e a infância como um período de preparação para a vida adulta.

Entre os direitos das crianças está o de serem cuidadas e educadas em creches e pré-escolas, as quais devem organizar-se segundo critérios, parâmetros e diretrizes que permitam às crianças ampliarem seus conhecimentos, gozar de confiança nas suas próprias potencialidades, além de lhes assegurar bem-estar e desenvolvimento da sua autonomia.

Ao desfrutarem de ricas, diversas e criativas experiências em instituições educativas, acredita-se que a educação infantil contribua para a formação de sujeitos autônomos, ativos e participativos. Assim compreendida, a educação destinada aos bebês e às demais crianças pequenas constitui-se em uma força impulsora para a melhoria da qualidade da vida em sociedade.

Outra concepção que sustenta as reflexões presentes nos capítulos deste livro refere-se aos significados e objetivos das instituições de educação infantil. Partimos do pressuposto de que tais significados e objetivos são construídos social e culturalmente, sendo, portanto, tributários das disputas presentes na sociedade e das demandas e concepções que as sustentam. O papel da educação infantil, sua forma de organização, suas prioridades recebem influência e são motivados pelos conhecimentos e valores presentes nos diversos contextos sociais, econômicos e políticos que marcam uma mesma sociedade em um determinado momento histórico.

A constituição de uma educação infantil de qualidade resulta, portanto, de acordos, de consensos e de pactos sobre como a sociedade compreende a infância, as crianças, a forma de educar e cuidar dos bebês e das crianças pequenas e ainda sobre qual deve ser o papel da família, do Estado, da escola e da comunidade no seu processo educativo.

Entender os conceitos de infância, criança e educação infantil como sendo constructos sociais significa desnaturalizá-los. Vale dizer: esses termos nem sempre tiveram os mesmos significados. Carregam histórias, ideias, representações, valores que se modificam ao longo dos tempos e propagam aquilo que a sociedade entende, em um determinado momento histórico, por criança, infância, educação, políticas para a infância etc.

Buscaremos demonstrar, nos capítulos deste livro, que vimos presenciando, no Brasil, ainda que em passos lentos, a formulação e o reconhecimento dos direitos das crianças e, associado a eles, a noção de que meninos e meninas são sujeitos históricos, que vão construindo ativamente, nas interações que vivenciam no seu cotidiano, sua subjetividade e sua compreensão sobre o mundo.

Como vimos, no Brasil, o atendimento na educação infantil abrange crianças na faixa etária de 0 a 5 anos. Refere-se à frequência regular de bebês e demais crianças pequenas a um estabelecimento educativo, exterior ao domicílio familiar, que ocorre anteriormente ao ensino fundamental. Esse atendimento vem sendo requerido por um número cada vez maior de famílias, de todas as classes e estratos sociais. Isso faz com que a presença de crianças pequenas fora da família, em espaços coletivos de cuidado/educação, seja um fenômeno sociológico de dimensões crescentes nas sociedades contemporâneas.

Neste livro, veremos mais detidamente como a Lei n. 9.394/96 – Lei de Diretrizes e Bases da Educação Nacional (LDBEN), aprovada em 1996, define a educação infantil e estabelece as diretrizes mais gerais para sua organização. Por ora, importa tão somente ressaltar que no seu art. 29º, a LDBEN estabelece que a educação infantil é a primeira etapa da educação básica, regida, portanto, pelos mesmos princípios e fins que sustentam a educação brasileira, os quais expressam os grandes ideais e valores da nação sobre a educação de seus cidadãos e cidadãs.

Vejamos o que diz o texto da LDBEN sobre a educação infantil:

Da educação infantil

Art. 29º A educação infantil, primeira etapa da educação básica, tem como finalidade o desenvolvimento integral da criança de até 5 (cinco) anos, em seus aspectos físico, psicológico, intelectual e social, complementando a ação da família e da comunidade.

Art. 30º A educação infantil será oferecida em:

I – creches, ou entidades equivalentes, para crianças de até três anos de idade;

II – pré-escolas, para as crianças de 4 (quatro) a 5 (cinco) anos de idade.

Art. 31º A educação infantil será organizada de acordo com as seguintes regras comuns:

I – avaliação mediante acompanhamento e registro do desenvolvimento das crianças, sem o objetivo de promoção, mesmo para o acesso ao ensino fundamental;

II – carga horária mínima anual de 800 (oitocentas) horas, distribuída por um mínimo de 200 (duzentos) dias de trabalho educacional;

III – atendimento à criança de, no mínimo, 4 (quatro) horas diárias para o turno parcial e de 7 (sete) horas para a jornada integral;

IV – controle de frequência pela instituição de educação pré-escolar, exigida a frequência mínima de 60% (sessenta por cento) do total de horas;

V – expedição de documentação que permita atestar os processos de desenvolvimento e aprendizagem da criança.

Além de proclamar sua integração à educação básica, destacamos outras importantes contribuições da LDBEN, fundamentais para o fortalecimento da noção de que ser cuidada e educada em espaços coletivos é um direito das crianças.

A primeira delas foi definir creches e pré-escolas como instituições que integram os sistemas de ensino e diferenciá-las exclusivamente em função da faixa etária atendida. Assim, conforme a Lei n. 9.394/1996, creche é o atendimento educacional destinado a crianças na faixa de idade de 0 a 3 anos e pré-escola, a crianças de 4 e 5 anos. A partir dessa determinação, superou-se a antiga indefinição que marcava esse atendimento. Em determinados municípios e em certos estados brasileiros, durante muito tempo, as creches designavam o atendimento a crianças pobres, cujas mães trabalhavam fora de casa. Podiam também se referir a atendimentos em que a criança permanecia tempo integral, independentemente da faixa etária e quase sempre destinados também às crianças de famílias com baixos rendimentos. Já a pré-escola costumava denominar o atendimento em tempo parcial e, em geral, com uma definição mais assertiva quanto ao seu caráter educativo. A nomeação dada aos atendimentos se baseava, mais frequentemente, em um critério de distinção socioeconômico.

O fato de a denominação desse atendimento, conforme consta na LDBEN, ser designado pela faixa etária das crianças, como vimos, é que não entre em conflito com as diferentes nomenclaturas que recebem em cada estado ou município. Essas instituições podem ser conhecidas como centros, escolas ou unidades de educação infantil, públicas, privadas ou comunitárias.

As instituições públicas são, em sua maioria, municipais, já que a educação infantil, conforme veremos nos próximos capítulos, é prioridade dos municípios. Porém há algumas poucas instituições, no Brasil, criadas e mantidas pelo poder público estadual e, em menor quantidade ainda, algumas pertencentes à União. É o caso das Unidades de Educação Infantil existentes em algumas universidades federais.

Já as instituições privadas são aquelas mantidas e administradas por pessoas físicas ou jurídicas de direito privado. Há ainda as comunitárias que, assim como as privadas, podem qualificar-se tanto como confessionais, aquelas que atendem a uma determinada orientação confessional ou ideológica específica; quanto como filantrópicas, devendo ser assim certificadas. É bom ter isso em mente, pois muitas creches e pré-escolas comunitárias e filantrópicas sobrevivem com recursos públicos, advindos de convênios, em parceria sobretudo com prefeituras municipais.

Relacionadas ainda às mudanças introduzidas pela legislação, estão a nova identidade profissional e, consequentemente, as novas exigências de formação inicial para atuação como docentes da educação infantil.

A formação requerida para essa profissional, caracterizada como professora, deverá acontecer, segundo a LDBEN, em nível de ensino superior, sendo admitida a formação em nível médio na modalidade Normal (art. 62º). Além disso, é assegurado a elas, como docentes do magistério público, o direito ao aperfeiçoamento profissional continuado, na perspectiva de promover a sua valorização (art. 67º).

> Resumidamente: em nosso país, a educação infantil, em complemento à ação educativa da família e da comunidade, é aquela que cuida e educa crianças de 0 a 5 anos, em espaços institucionais não domésticos, coletivos, públicos ou privados, nomeados de creches e pré-escolas, as quais são consideradas instituições educacionais, que integram sistemas de ensino, segundo regulamentação específica, consonante com a legislação educacional e submetidos ao controle social.

Importa ainda destacar que, como nas sociedades contemporâneas persiste o fato de a criação/educação das crianças ficar sob responsabilidade feminina, a educação infantil assume o papel de promover a igualdade de acesso ao trabalho fora do lar tanto para os homens quanto para as mulheres. Ao permitir que mães, pais ou responsáveis combinem as suas responsabilidades pelos filhos e filhas com as suas atividades profissionais, a educação infantil também pode ser entendida como parte de uma política de apoio às famílias e como parte integrante das políticas de apoio ao trabalho e, sobretudo, de apoio à mulher trabalhadora.

A proclamação de leis que reconhecem os direitos da criança à educação foi fruto de lutas históricas e significaram conquistas sociais e políticas. Entretanto, se muito vale a proclamação de um direito, mais vale sua efetivação. Sabemos que há ainda um longo caminho a percorrer no que diz respeito à concretização, na prática, das conquistas legais.

> Pensando no que ainda é preciso conquistar em termos do direito à educação infantil, podemos indagar se:
> - Nos municípios, há vagas suficientes em creches para todas as crianças cujas famílias demandam esse atendimento?
> - As famílias mais vulneráveis socialmente conhecem seu direito de matricular suas crianças menores de 3 anos em creches e se fazem valer desse direito?
> - As matrículas em pré-escolas atingem os 100% que a legislação estabelece?
> - As creches e pré-escolas existentes, nos mais de 5.000 municípios brasileiros, funcionam em condições adequadas, contando com espaços apropriados e arejados; brinquedos e livros de qualidade; áreas externas com parquinhos e vegetação; equipamentos em número suficiente e condizentes com as demandas e necessidades da primeira infância?

Cabe ainda perguntar se as professoras são formadas de acordo com o que a lei prescreve; se participam da elaboração do projeto político pedagógico da escola e de ações de desenvolvimento profissional, que levem em conta suas reflexões e necessidades. E, por fim, se as condições de trabalho são satisfatórias e convidam à permanência na profissão e se atraem novos profissionais bem formados e engajados com o fazer docente.

Os desafios para consolidar uma educação infantil que tome como centralidade o direito das crianças de brincar, de aprender, de acessar os bens culturais e de participar de processos de construção de novos conhecimentos precisam ser pensados à luz dos estudos das diferentes áreas do conhecimento. Neste livro, organizamos esses conhecimentos considerando aspectos essenciais que devem estar presentes na formação inicial daquelas profissionais que atuarão na defesa de uma educação infantil de qualidade para todas as crianças.

No primeiro capítulo, "Educação da primeira infância: bases históricas", retomamos marcos da história dos cuidados e da educação destinada aos bebês e às crianças pequenas por considerar que, ainda que as instituições de educação voltadas para a primeira infância existam há pouco mais de um século no nosso país, a forma como se concebeu as crianças, a infância e a sua educação, desde a colonização, deixaram marcas que influenciam práticas e políticas educacionais até os dias de hoje.

No segundo capítulo, "Bases legais do direito à educação infantil", recuperamos alguns dos marcos legais que estabelecem a organização dessa que é a primeira etapa da educação básica. São apresentadas e analisadas definições contidas na Constituição Federal de 1988, na Lei n. 9.394/96, Lei de Diretrizes e Bases da Educação Nacional (LDBEN), em textos infralegais, aprovados pelo Conselho Nacional de Educação (CNE), que tratam da organização da educação infantil, do seu posicionamento no sistema de ensino brasileiro e do papel dos poderes públicos na garantia desse direito.

No terceiro capítulo, "A oferta da educação infantil no Brasil: acesso e qualidade", tratamos da dimensão quantitativa do atendimento e vemos como ela contribui para a discussão acerca dos desafios a serem enfrentados para assegurar maior igualdade e para reduzir distorções resultantes, por exemplo, do atendimento a populações que residem em áreas rurais se comparadas a áreas urbanas; das desigualdades relacionadas às questões étnico-raciais, ao atendimento às crianças com deficiências, à diversidade de gênero, de idade e de classe social.

No quarto capítulo, "Currículo na educação infantil", retoma-se a antiga assertiva de que "currículo é um campo em disputa" para esmiuçar que contendas estão em jogo quando se pensa em uma educação destinada aos bebês e demais crianças pequenas. A discussão central gira em torno de como construir um currículo que seja capaz de organizar as práticas educativas considerando a forma como essas crianças tão pequenas aprendem e se apropriam das coisas que estão no mundo.

No quinto capítulo do livro, "Profissionais da educação infantil: qual formação? Qual trabalho?", tratamos do perfil das profissionais que atuam na educação infantil, do debate acerca da necessária valorização dessa profissão e da formação inicial e continuada. As definições acerca do perfil, da carreira docente e da formação inicial e em serviço devem levar em conta o papel das docentes como agentes culturais responsáveis pela expansão das experiências infantis nas mais diversas dimensões da atividade humana, condição fundamental para a garantia do direito das crianças a uma educação infantil de qualidade.

Em cada capítulo, além dos tópicos que tratarão do respectivo assunto, você encontrará duas outras seções: "Em outras palavras", na qual apresentamos uma breve síntese do que foi tratado no capítulo e "Ampliando o debate", com sugestões de leituras ou de vídeos para saber mais sobre o assunto abordado.

Por fim, concluímos com o tópico "Para refletir e continuar o diálogo", no qual apresentamos considerações que nos parecem essenciais para apoiar as reflexões e ações dos futuros profissionais da educação infantil.

Você verá que neste livro compartilhamos ponderações sobre a constituição e organização da primeira etapa da educação básica na esperança de que o conhecimento sobre a história desse atendimento, a forma como ele se organiza, como vem sendo ofertado e em que condições, contribua para a consciência de que *se muito vale o já feito, mais vale o que virá*. Uma educação infantil de qualidade socialmente referenciada, assim como os demais direitos sociais, não estará jamais concluída, pronta, finalizada já que é tributária das condições históricas, sociais e políticas de cada tempo. Por isso, é preciso incessantemente pensar e implementar políticas educacionais integradas com outras áreas sociais, de maneira a promover o bem-estar das crianças e de suas famílias, bem como a ampliação da sua experiência social e cultural. Essa deve ser a meta a ser perseguida pelos governos em todas as esferas e pela sociedade, para que a educação infantil se constitua como uma política pública comprometida com o direito das crianças de viverem plenamente suas infâncias.

Referências

BRASIL. [Constituição (1988)]. Constituição da República Federativa do Brasil. Brasília, DF: Senado Federal, 2016. 496 p. Disponível em: <https://www.planalto.gov.br/ccivil_03/constituicao/constituicao.htm>. Acesso em: 13 fev. 2023.

BRASIL. Presidência da República. Casa Civil. Lei n. 9.394/96. Estabelece as diretrizes e bases da educação nacional. Diário Oficial da União, Brasília, DF, 23 dez. 1996. Disponível em: <https://www.planalto.gov.br/ccivil_03/leis/l9394.htm>. Acesso em: 13 fev. 2023.

Educação da primeira infância: bases históricas

Neste livro, apresentaremos e discutiremos alguns dos significados atribuídos à educação infantil no mundo contemporâneo. Além disso, pretendemos expandir nossos conhecimentos acerca da forma como esse atendimento está organizado no Brasil. Entretanto, antes de entrarmos nesses temas, neste primeiro capítulo, veremos que as instituições de educação infantil são construções históricas, que surgiram e vêm se desenvolvendo sempre em relação com a sociedade e a cultura. Ao recuperarmos a trajetória desse atendimento veremos que suas origens são diversas e suas características nem sempre estiveram ligadas à ideia de direito das crianças e de suas famílias. Retomar a história desse atendimento pode nos ajudar a entender o que persiste e precisa ser alterado, bem como o que merece ser preservado para construir uma educação infantil de qualidade, capaz de garantir o direito de bebês e demais crianças pequenas de serem cuidadas, de aprender e de se desenvolver em espaços coletivos devidamente planejados e organizados para este fim.

Hoje em dia, as famílias das crianças que moram sobretudo nas cidades estão, desde muito cedo, pleiteando vagas em creches e pré-escolas. O problema é que, especialmente no caso das creches, voltadas para a faixa etária de 0 a 3 anos, embora seja direito de todas as crianças, não existem vagas em número suficiente para atender a todas as famílias que manifestam interesse e/ou necessidade por esse serviço educacional. No caso da pré-escola, enfrentamos também inúmeros desafios, desde a garantia de vagas suficientes para atender 100% da população de 4 e 5 anos, até a insuficiência do período diário de permanência das crianças nas instituições. Convivemos ainda, em ambas as subetapas, com o desafio de consolidar uma pedagogia que respeite os direitos de aprendizagem considerando as especificidades da primeira infância.

Nos demais capítulos deste livro, teremos oportunidade de aprofundar a discussão acerca dos desafios a serem enfrentados, pelas políticas públicas e pela sociedade brasileira, para a consolidação do direito à creche e à pré-escola. Entretanto, neste primeiro capítulo, nos interessa compreender, do ponto de vista histórico, como esse atendimento foi se configurando no nosso país.

Atualmente, parece haver uma compreensão cada vez maior de que é bom para a criança conviver com outras crianças e se desenvolver em ambientes coletivos de aprendizagem. Porém será que sempre foi assim? Será que independentemente do período histórico, circulavam entre as famílias, a sociedade e os governantes as mesmas concepções e demandas pelo atendimento educacional dos bebês e das demais crianças pequenas? Como surgiram as creches e as pré-escolas? É o que buscaremos tratar neste capítulo.

EDUCAÇÃO INFANTIL NO BRASIL: UMA CONSTRUÇÃO HISTÓRICA

Um bom começo para essa conversa é recuperar os primórdios da educação em massa de crianças. O sonho de uma escola para todos é tributário dos ideais da sociedade moderna, que emergem no século XVIII.

Lembremos que esses ideais valorizavam a razão e a expansão da cultura letrada, base de sustentação de um novo modelo social ancorado na valorização da autonomia e da capacidade humana. A difusão da cultura, a preservação e a transmissão dos bens culturais, dos bens simbólicos produzidos pelas sociedades humanas, além da preparação para o trabalho e para a vida social eram empreendimentos exigentes e complexos demais para ficarem a cargo tão somente das famílias ou de entidades religiosas. Seria preciso criar uma instituição específica, um lócus que abrigasse muitos e que, ao mesmo tempo, assumisse, como propósito principal, esses objetivos. Essa instituição, criada e legitimada socialmente, foi a escola.

Assim, progressivamente, a escola foi sendo entendida como instituição, diferente e separada da família, que deveria acolher crianças ou pessoas a partir de 7 anos de idade com o propósito de educá-las, de instruí-las, de lhes garantir as ferramentas necessárias para agir sobre o mundo a partir da razão iluminista. Para sua estruturação e organização, a escola introduziu uma diferenciação das idades da vida, criando a categoria da criança aprendiz, da criança-aluno, e introduziu na sociedade a obrigatoriedade escolar a partir dos 7 anos de idade.

As origens da pré-escola

Além da escola de massa, outra novidade da sociedade moderna é que, aos poucos, os imperativos da educação pública, ou seja, fora do espaço doméstico-familiar, foram se estendendo para as crianças mais novas, antes dos 7 anos de idade. Além das escolas, foram criados também os jardins de infância, as escolas maternais e as creches para os bebês ou para aquelas crianças que ainda estavam em fase de amamentação.

Ao recuperarmos a história do atendimento educacional para crianças menores de 6-7 anos, é muito importante salientar as especificidades que marcam a gênese dessas instituições. Uma primeira observação é que, na história tanto da creche quanto da pré-escola, verificamos que as justificativas para sua criação nem sempre coincidem com os argumentos em favor da escola para ensinar as primeiras letras.

Para ilustrar essa afirmação, trazemos um texto publicado em 1905 pela Associação Feminina Amante da Instrução e Trabalho. Essa Associação foi criada naquele ano, em Belo Horizonte (Minas Gerais), por um grupo de senhoras católicas, "amantes da instrucção e da infância", que fundaram o que parece ter sido o primeiro jardim de infância, surgido nessa capital, em 1906. Como veremos a seguir, o primeiro número da *Revista Escolar* dessa Associação justifica a sua criação e nos mostra que havia um projeto educacional pensado para essa incipiente instituição de atenção à criança pequena. A citação a seguir é longa, segue a forma da escrita da língua portuguesa daquela época e revela com riqueza os motivos dessa iniciativa.

Jardim de Infância

"A Directoria da Associação, consultando os interesses, as conveniências da mesma e também as exigencias da Capital, julgou que de todos os cursos destinados ás crianças, constantes dos seus Estatutos, a nenhum caberia melhor ser aberto em primeiro logar como a este, visto ser o primeiro e único em seu gênero que, em muito breve futuro, existirá entre nós. Quem não conhecer o systema empregado e o fim d'esse estabelecimento, sabendo que n'elle se acceitam crianças de tres a sete anos, poderá á primeira vista estranhal-o, attendendo a que n'essa idade não se lhes vae entregar um livro para estudar: si vão brincar não precisam de professôras, pois em casa têm plena liberdade e brincam fartamente... Estamos de accordo: mas, não seria melhor que esse brinquedo fosse methodisado, guiado por pessoa competente que soubesse aproveitar mil occasiões de satisfazer a curiosidade natural das crianças, ir assim esclarecendo esses cerebrosinhos para os conhecimentos que mais tarde hão de receber?
Si a própria mãe pudesse encarregar-se de dirigir os folguedos de seus filhinhos, creio que ficaria bem estabelecido um Jardim em cada familia; isso porém, é humanamente impossivel, pois aquella que é responsável pela direcção e bôa ordem da casa, em nosso meio, acha-se sobrecarregada de mil affazeres sem contar com auxiliares que mereçam confiança. No meio d'esse afan quotidiano, vê-se forçada a entregar a direcção dos brinquedos do filhinho a criadinhas que muitas vezes são as primeiras as mais necessitarem da vigilância e cuidados."

Fonte: "Jardim de infância". *Revista Escolar*, n. 1, Associação Feminina Amante da Instrução e Trabalho, 1905.

Ainda que, a partir da leitura desse excerto, não se possa fazer generalizações sobre as concepções que orientavam o atendimento de crianças a partir dos 3 anos, ele nos permite questionar certas afirmações genéricas segundo as quais a função da pré-escola teria sido, prioritariamente, a de preparar as crianças para a alfabetização.

Nesse trecho da *Revista Escolar* destacado anteriormente, alguns aspectos nos chamam a atenção e nos ajudam a refletir sobre as expectativas em relação a esse novo equipamento público que começava a surgir. Em primeiro lugar, a iniciativa da Associação revela um novo protagonismo das mulheres, donas de casa da elite e das classes médias, organizadas em associações de tipo beneficente e instrutivo, que elegem a defesa da instrução das crianças, em espaços não domésticos, como apelo e reivindicação.

Em segundo lugar, observamos, nas entrelinhas, a desconfiança da sociedade em relação à criação de uma instituição para crianças tão pequenas, para as quais não se justificaria "entregar um livro para estudar". Para que serviria, então? Conforme justificativa presente no texto, essas instituições deveriam ser criadas para que as crianças pudessem brincar sob a coordenação e orientação "methodisada" de uma profissional devidamente formada para esse fim. Não se exaltava, portanto, a aprendizagem das letras ou o desenvolvimento de habilidades preparatórias para a alfabetização, por exemplo. Admitia-se que, para o público de 3 a 7 anos, o ideal era um espaço para a brincadeira organizada e orientada por uma pessoa adequadamente capacitada.

Em terceiro lugar, ainda que se admitisse que o ideal seria que a mãe supervisionasse as brincadeiras da criança no espaço doméstico, reconhecia-se que as inúmeras tarefas de "dona de casa" tornavam esse ideal impossível. Uma outra solução para manter a educação das crianças no espaço doméstico também se mostrava inexequível, que seria a de entregar "a direção dos brinquedos do filhinho a criadinhas", mal preparadas, segundo argumentam. Diante dessas dificuldades, reconhecia-se a escola como lócus específico e mais bem qualificado para desenvolver-se um processo educativo "guiado por pessoa competente que soubesse aproveitar mil occasiões de satisfazer a curiosidade natural das crianças".

Esse extrato do documento da Associação evidencia que, já no início do século XX, havia uma preocupação com a educação dirigida às crianças na faixa etária dos 3 aos 7 anos, denominada jardim de infância. Essa preocupação pode ser notada até mesmo antes disso, no final do século XIX. Kuhlmann Júnior, ao recuperar em suas pesquisas, referências ao jornal *A Mãi de Família*, publicado de 1879 a 1888, conclui que, nessa faixa dos 3 aos 7 anos, não apenas as crianças pobres, mas também as de classe média e alta, pertencentes às famílias da Corte, no Rio de Janeiro, poderiam (ou deveriam) frequentar os jardins de infância, compreendidos como sendo um lugar "propício para o seu desenvolvimento e ao cultivo de bons hábitos" (2000: 472).

A preocupação das autoridades educacionais da República nascente, em 1899, com a educação da criança menor de 7 anos, atesta a importância conferida aos jardins de infância no campo da instrução pública. Em Minas Gerais, por exemplo, o primeiro jardim de infância público, a Escola Infantil Delfim Moreira, foi criado na capital, no ano de 1908. Objeto de decreto do governo estadual, essa instituição educativa integrou, desde a sua origem, a legislação educacional do governo mineiro.

A criação desse jardim atesta a responsabilização do âmbito governamental da educação para com a criança menor de 7 anos em instituição específica, ainda que os jardins de infância, como vimos, tenham sido também iniciativa de particulares.

Figura 1 – Sala de aula da Escola Infantil Delfim Moreira. Belo Horizonte. Foto: *O. Belém*, **1910.**

Fonte: Museu da Escola de Minas Gerais – publicação do Centro de Referência do Professor, Secretaria de Educação de Minas Gerais. Disponível em: https://www.unicamp.br/iel/memoria/Ensaios/LiteraturaInfantil/Imagens%20Infantis/infantil2.htm. Acesso em: 14 mar. 2023.

> O governo estadual de Minas criou a primeira escola infantil pública por meio do Decreto n. 2.287, de 3 de novembro de 1908, com o seguinte texto:
>
> "O Vice-Presidente do Estado de Minas Geraes, usando das attribuições que lhe confere o art. 57 da Constituição Mineira e julgando de grande proveito ao ensino publico, como complemento da reforma de instrucção estabelecida pela Lei n. 439, de 28 de setembro de 1906, um typo de escola para a educação de creanças de ambos os sexos, desde quatro até seis annos de edade, a qual tenha por objectivo o desenvolvimento intellectual e preparo prévio para o curso primario, resolve crear a Escola Infantil, com sede na Capital do Estado."

Como evidenciado no próprio texto do decreto, dois anos antes de sua publicação, a lei relativa à reorganização do ensino primário não inscrevia a escola infantil. Era o governo de João Pinheiro, que com tal reforma criava os grupos escolares, instituindo o regime seriado e a divisão de idades no ensino de grau primário – a escola primária graduada, expressando os novos ideais republicanos relativos à educação das crianças. O Decreto n. 2.287 veio, portanto, complementar a lei, criando uma escola específica para crianças dos 4 aos 6 anos de idade, com o objetivo de desenvolvimento intelectual e preparo para a escola primária.

É interessante ressaltar que essa proposta de escola seguia o exemplo de outras tantas experiências que vinham sendo difundidas entre os estados brasileiros, inspiradas por experiências europeias, que tinham como ênfase o zelo com a infância e o reconhecimento das especificidades que marcam a educação das crianças antes dos 7 anos de idade.

O primeiro jardim de infância brasileiro, de acordo com a pesquisa de Maria Isabel Moura Nascimento, foi fundado por Emília Erichsen, em 1862, na cidade de Castro, na província do Paraná. Segundo a pesquisadora, o jardim de infância de Erichsen baseava-se na metodologia do pedagogo alemão Friederich Froebel.

Educação da primeira infância

Figura 2 – Retrato de Friedrich Froebel

Friedrich Fröbel.

Friederich Froebel é, para a educação infantil, um dos mais importantes pedagogos por ter sido um dos primeiros educadores a considerar o início da infância como uma fase importante e decisiva para a formação humana. É conhecido como fundador dos jardins de infância. Nasceu em 21 de abril de 1782, na Turíngia, estado localizado no centro-leste da Alemanha. Foi um crítico da educação de seu tempo, "referindo-se principalmente à coerção, ao distanciamento da vida natural da criança e ao fato de se desconsiderar a criança nas suas características" (HEILAND, 2010). Para conhecer mais sobre a vida de Froebel, consulte a publicação organizada pelo Ministério da Educação, Fundação Joaquim Nabuco. Além desse número, você poderá ter acesso a outras obras da coleção "Educadores MEC", que contam a vida de importantes educadores brasileiros e estrangeiros, no Portal Domínio Público. Acesse o link http://www.dominiopublico.gov.br/pesquisa/ResultadoPesquisaObraForm.do.

No Rio de Janeiro, o jardim de infância do Colégio Menezes Vieira, de 1875, foi uma criação do médico e educador Joaquim José de Menezes Vieira (1848-1897) com sua esposa D. Carlota. Em São Paulo, o jardim de infância da Escola Americana, de 1877, e mais tarde, o Jardim de Infância Caetano de Campos, anexo à Escola Normal do Estado, iniciativa pública, de 1896, vinculado à escola normal pública daquela capital, baseavam-se nas mesmas premissas e concepções.

Em 1906, no estado do Paraná, inaugura-se outro jardim de infância público, anexo ao Ginásio Paranaense em Curitiba, sob a direção de uma professora que conhecera de perto a experiência do Jardim de Infância da Escola Normal Caetano de Campos, em São Paulo. Estudo histórico realizado por Gizele Souza mostrou que essas iniciativas compunham, junto a grupos escolares, um projeto ampliado de organização da escola, pautado na modernização do ensino, dos métodos, da estrutura, da constituição de uma forma e cultura escolar próprias.

Em São Paulo, nos anos 1935 a 1938, é conhecida a atuação de Mário de Andrade, um dos mais proeminentes intelectuais do movimento modernista brasileiro dos anos 1920, sendo Diretor do Departamento da Cultura do município da capital paulista. Ele fundou os Parques Infantis, que, conforme os estudos históricos de Ana Lucia Goulart de Faria, acolhiam crianças de 3 a 12 anos de idade. Esses parques muito depois foram também construídos em outras cidades do interior daquele estado, com o nome de Escolas Municipais de Educação Infantil – as EMEIs.

Essas experiências de criação dos jardins de infância pelos governos estaduais se integravam ao ideal republicano emergente. Estudiosos da história da educação no Brasil, como Marcos Freitas e Luciano Mendes de Faria Filho, nos ensinam que a passagem para o regime republicano, quase no final do século XIX, foi um fator decisivo para que um modelo de escolarização se estabelecesse. Esse modelo que instituiu a escola seriada, o grupo escolar, o ginásio de Estado, o jardim de infância, uma nova escola normal, também constituiu normas, procedimentos, usos de materiais específicos, orientações aos professores, regras de higiene, compondo um conjunto de realizações que nos indicam a chegada de um novo tempo, um novo ciclo histórico, um novo ponto de partida para a história do país.

As origens da creche

Até aqui foi possível recuperar a história do atendimento às crianças entre 3 e 7 anos de idade. Entretanto, há que se indagar sobre a história do atendimento das crianças menores de 3 anos, já que, como vimos, a educação infantil abrange a faixa etária de 0 a 5 anos. Qual a gênese desse atendimento? A história das creches teria as mesmas características da origem dos chamados jardins de infância?

Recorrendo mais uma vez aos estudos históricos de Moysés Kuhlmann Jr., encontramos no jornal *A Mãi de Família* os primeiros registros sobre as creches. Em uma de suas primeiras edições, o jornal publicou a matéria "A creche (asilo para a primeira infância)", cujo autor, um médico da Santa Casa de Misericórdia do Rio de Janeiro, empenha-se em chamar atenção, em especial das "mães de família", para a importância da creche e para difundi-la entre a sociedade da época.

O excerto a seguir, extraído do artigo de Kuhlmann Jr., ajuda a compreender o caráter desse atendimento, e principalmente as expectativas de seus defensores e a relação que estabeleciam com a população a que se destinava. Na Figura 3 a seguir, reproduzimos imagens dessa reportagem do *A Mãi de Familia* encontradas em busca realizada na hemeroteca digital da Biblioteca Nacional.

Deixemos a mulher no lar doméstico, de que ela é a rainha e o encanto mais poderoso, que ela aí crie os seus filhos, os eduque na religião e na honra e de noite, quando o marido volta fatigado do trabalho do dia, que ela enxugue seu rosto banhado de suor e o console com seu sorriso! Mas, a despeito dos nossos protestos e dos nossos pesares, a cruel necessidade aí está: nas famílias operárias a pobre mãe é muitas vezes obrigada a abandonar seus filhos e a trabalhar fora sob pena de ver aparecer em sua mansarda o espectro da fome. Ela vai, pois! Mas seus filhinhos? O que lhes sucede?

Fonte: Kuhlmann Jr. Educando a infância brasileira. In: LOPES, Eliane Marta Teixeira; FARIA FILHO, Luciano Mendes; VEIGA, Cynthia Greive. *500 anos de Educação no Brasil*. Belo Horizonte: Autêntica, 2000, p. 472.

Figura 3 – Jornal *A Mãi de Familia: jornal scientifico, litterario e ilustrado* (RJ) – 1879 a 1888.

Fonte: Hemeroteca digital brasileira. Disponível em: http://memoria.bn.br/docreader/DocReader.aspx?bib=341703&Pesq=kossuth&pagfis=3. Acesso em: 07 mar. 2023.

É importante destacar que, até esse período da história, no caso das crianças menores de 3 anos, apenas as órfãs eram atendidas em instituições, já que era inconcebível para uma sociedade patriarcal que bebês e crianças bem pequenas pudessem ser cuidadas e educadas fora dos seus domicílios e apartadas dos cuidados maternos ou de outras mulheres encarregadas dessa função.

A creche surge, portanto, para apoiar as famílias cujas mulheres passam a ter uma identidade própria: mães, pobres e operárias, que necessitavam trabalhar fora do lar como condição de subsistência.

A assistência patronal, datada do final do século XIX e existindo até os anos 20 do século passado no Brasil, fundou creches, jardins de infância, ou escolas maternais nas vilas operárias vinculadas às empresas sobretudo do ramo têxtil, especialmente em São Paulo e no Rio de Janeiro, mas também em regiões rurais do Nordeste brasileiro onde predominava a produção açucareira.

As primeiras creches estiveram, portanto, a cargo de algumas indústrias, como a creche da Cia. de Fiação e Tecidos Corcovado – RJ, de 1899. A creche da Vila Maria Zélia, do empresário Jorge Street, em São Paulo, é outro exemplo sempre citado. Consta que as professoras eram cedidas pelo governo estadual e que os estabelecimentos funcionavam sob a direção de representantes da Igreja Católica.

Num contexto em que a legislação trabalhista era praticamente inexistente, a implantação das vilas operárias e dos serviços assistenciais que lhes acompanhavam visava à fixação da força de trabalho e a moralização das condutas operárias. Geralmente, os empresários prestavam assistência aos(às) filhos(as) dos(as) operários(as) desde o nascimento. Estes eram acolhidos em creches, em escolas maternais e depois em escolas primárias. Esses equipamentos voltados para o atendimento à criança pequena eram dirigidos por bispos e os cuidados ministrados por religiosas. O governo estadual alocava professoras à disposição nas escolas maternais, assegurando a sua remuneração.

Um capítulo à parte na história das creches e pré-escolas diz respeito à sua relação com a área da saúde, especialmente a medicina sanitária e higienista, que ganha especial relevância no combate à mortalidade infantil nas primeiras décadas do século XX.

Os aportes da pediatria e da puericultura, bem como a ação de médicos, de educadores e outros notáveis, podem ser visualizados na ação do destacado médico Arthur Moncorvo, que introduziu o ensino da Pediatria nas faculdades de Medicina existentes no fim do século XIX no Brasil. Morando no Rio de Janeiro, esse médico buscou organizar a luta contra a mortalidade infantil, dirigindo esforços na criação de serviços de saúde materno-infantis e na introdução de preceitos da puericultura no Brasil. Ele coordenou cursos dessa especialidade e muitos de seus alunos integraram posteriormente a direção de estabelecimentos e de serviços públicos de proteção à maternidade e à infância, como, por exemplo, o Departamento Nacional da Criança (DNCr), criado em 1940, que, como veremos a seguir, centralizou, ao longo de 30 anos, a política de assistência à mãe e à criança no Brasil.

Pelo seu empenho, que buscava conjugar a ação filantrópica aos aportes da ciência médica, Moncorvo desempenhou papel não negligenciável na formação de uma elite médica no Brasil, interessada nos problemas da infância. Herdando a obra de seu pai, Moncorvo Filho criou, em 1899, o Instituto de Proteção e Assistência à Infância no Rio de Janeiro. Produto de uma ação conjugada de notáveis – políticos, jornalistas, médicos, advogados, engenheiros, comerciantes e filantropos –, esse Instituto fundou a primeira creche "cientificamente organizada" no Brasil, destinada às mães operárias e instalada em 1908 no Rio de Janeiro.

Mais tarde, o DNCr (1940-1970), órgão federal vinculado ao Ministério da Educação e Saúde, cumpriu importante papel difusor dos preceitos da puericultura e de normas para a criação e o funcionamento de creches, escolas maternais e jardins de infância, congregando uma elite médica e organizando uma série de serviços (maternidades e centros de puericultura, além das Associações de Proteção à Maternidade e à Infância nos municípios) comprometidos com o combate à mortalidade infantil e com a educação das mães.

Dois atendimentos, duas trajetórias

Como vimos, estudos históricos da área dão conta das trajetórias diferenciadas dessas duas instituições que atendem crianças menores de 6 anos: creches e pré-escolas. O que as distinguiram ao longo dos anos foi, sobretudo, dois aspectos principais. De um lado, a faixa etária e, por outro lado, a origem social das crianças. Como resultado, os programas pedagógicos também se diversificavam conforme a idade e a origem social das crianças e de suas famílias.

Desde a primeira metade do século XIX, para as crianças a partir do nascimento até os 2-3 anos de idade, criaram-se as creches. Para as maiores dessa idade, criaram-se as salas de asilo, depois chamadas de escolas maternais, as escolas infantis (*infant schools*) e os jardins de infância. Tendo como objetivos gerais assistir e educar crianças pequenas, os programas pedagógicos sofriam as influências das experiências empreendidas por Owen ("*infant schools*", 1816) na Escócia; Froebel (jardins de infância, 1837) na Alemanha; Montessori e Agazzi na Itália; Marbeau e Kergomard (salas de asilo, 1826, creches, 1844, e depois escolas maternais, 1881) na França, entre outras que poderiam ser citadas ocorrendo em países como Bélgica, Holanda, Dinamarca, Espanha e Portugal.

Jean-Noël Luc, em sua obra fartamente documentada sobre a história das salas de asilo e das escolas maternais na França, datada de 1998, mostra-nos que essas primeiras iniciativas no continente europeu foram relativamente simultâneas, revelando grande ambição pedagógica dos seus fundadores e a diversidade de suas motivações. De acordo com esse autor, sejam eles católicos, protestantes ou livres pensadores, os fundadores conceberam um projeto global de primeira educação, física, moral e intelectual, fundado sobre uma representação da criança pequena como um ser capaz de aproveitar, antes da idade da razão, de um ensino coletivo destinado a preparar um homem novo sobre o qual sonhavam todos os reformadores. Concordamos com o autor ao opor-se à ideia de que somente as explicações econômicas (industrialização) e políticas (controle social e moralização das famílias operárias) seriam suficientes para explicar o surgimento dessas instituições. Devia também ser levado em consideração a grande originalidade das primeiras experiências de educação coletiva de crianças pequenas e a ambição do seu programa pedagógico, muito além do intuito de domesticação dos pobres.

De fato, o surgimento das creches e pré-escolas guarda relação com o movimento médico-científico pela conservação da infância. Evitar morbidades, diminuir mortalidades, empreender a educação das mães pela difusão dos preceitos da puericultura, criar obras sociais de proteção à maternidade e à infância (como lactários, consultórios de pediatria e puericultura, creches), moralizar a família trabalhadora, pobre, fazia parte da ação de médicos, puericultores e de outros interessados na proteção à infância e à maternidade.

Os elementos da fé e da ação cristãs, nucleados pelas obras sociais de autoridades religiosas, apoiadas pela organização de damas patrocinadoras, em geral senhoras da sociedade, estão presentes nas iniciativas que congregam grupos católicos, espíritas ou protestantes. Veja-se como exemplo as obras sociais da histórica Sociedade São Vicente de Paulo ou das creches vinculadas às paróquias da Igreja Católica ou aos Centros Espíritas. Muito frequentemente, em torno dessas iniciativas, organizavam-se as sociedades femininas, ligadas à fé cristã. O papel das damas patrocinadoras era o de buscar os meios materiais para colocar em execução o projeto da creche ou do jardim de infância, entre outros serviços médico-sociais como as *gotas de leite* (lactários), os asilos infantis e os centros de puericultura, que atendiam às crianças dos meios populares.

Duas questões ligam essas experiências do passado às nossas sociedades atuais, nas quais crianças de 2-3 a 5 anos de idade estão frequentando regularmente algum estabelecimento educacional, em maior ou menor proporção conforme cada país ocidental, e também incluindo bebês e crianças bem pequenas. A primeira delas é a interferência da autoridade pública sobre uma função tradicionalmente considerada como dever e apanágio das famílias, e a percepção, não habitual, da criança pequena como sujeito escolarizável e capaz de tirar proveito de uma educação sistemática e regular. Para Luc, a história das representações e das atitudes dos adultos em relação às crianças pequenas seria uma chave privilegiada para compreender a aparição e a organização das primeiras instituições educacionais destinadas a elas.

Expansão das creches e das pré-escolas no Brasil

Como nos alerta Kuhlmann Jr., na criação e no desenvolvimento das instituições voltadas ao atendimento das crianças de 0 a 6 anos, fizeram-se presentes diferentes disciplinas, saberes e atores sociais do campo da Pedagogia, da Filosofia, da Economia Social, da Medicina, das ideias políticas e até religiosas. Apoiadas nas pesquisas desse historiador, vimos que a difusão dessas instituições ocorreu, no mundo ocidental, a partir da segunda metade do século XIX e esteve ligada a uma nova concepção assistencial: a assistência científica. A grande marca dessas instituições foi, portanto, a sua postulação como propostas modernas, científicas, uma noção coerente com a exaltação do progresso e da indústria, fartamente disseminada à época.

Como já referimos anteriormente, as experiências pioneiras, privadas e públicas, implantadas no Brasil, ocorreram no curso do último decênio do século XIX e se concentraram, prioritariamente, na região sudeste do país.

Ao longo do século XX, e sobretudo a partir de meados dos anos 1960, o papel dos governos estaduais, por meio das Secretarias de Estado da Educação, foi preponderante para a difusão da pré-escola pública, destinada às crianças de 4 a 6 anos. O papel dos governos estaduais ficou evidente tanto na criação direta dos jardins de infância e classes pré-escolares, como também por meio da produção das leis e decretos que expressaram e divulgaram diferentes aspectos normativos do atendimento. A legislação produzida difundiu uma conceituação e estabeleceu parâmetros considerados adequados para as escolas infantis, como também buscou regular o acesso e a expansão.

Expandindo-se lentamente até meados dos anos 1950, quando se observa também a criação de outra modalidade de atendimento, que são as classes anexas de pré-primário aos estabelecimentos de ensino primário, a pré-escola começa a se tornar mais significativa ao longo dos anos 1980. Tanto pelo crescimento das matrículas nas redes estaduais, como por meio de programas especiais coordenados pelo Ministério da Educação e também pela área da assistência social federal.

Durante a década de 1990, observou-se crescente processo de municipalização, seja pela transferência das matrículas [e escolas] das redes estaduais para os municípios, seja pela pressão da demanda e a crescente responsabilização da esfera local de governo no plano da legislação. Torna-se, então, preponderante a participação dos municípios na oferta dessa etapa de ensino no país, coexistindo com nova conceituação de educação infantil como direito social da criança.

A partir dos anos 1980, observamos que a educação infantil começa a ganhar novos significados como lugar de convivência entre crianças e de autonomia para as mulheres. É quando entram em cena os movimentos sociais organizados por mulheres das periferias de grandes centros urbanos, que demandam educação para os seus filhos pequenos e tomam a iniciativa de criar tais serviços. Surgem assim as primeiras experiências das creches comunitárias, apoiadas por programas públicos, sobretudo federais, vinculados aos órgãos de assistência social, com uma nova modalidade de relação público-privada que foram os convênios. A referência mais significativa foi o "Projeto Casulo", criado em 1977, por iniciativa da Legião Brasileira de Assistência (LBA), órgão que havia sido criado em 1942. Em 1977, a LBA estava vinculada ao Ministério da Previdência e Assistência Social, sendo que sua atuação persistiu até 1995, quando foi extinta.

O crescimento de creches e pré-escolas, ocorrido a partir do final dos anos 1970, obedeceu a vários determinantes, entre os quais destacamos:

- Novo perfil demográfico da população brasileira. De um lado, as famílias diminuíram (e continuam a diminuir) de tamanho nas cidades (mas também no campo), e não podem contar mais com as estratégias de cooperação para o cuidado de crianças pequenas comuns até algumas décadas atrás, tais como arranjos provenientes de famílias extensas, redes de parentesco e vizinhança. De outro lado, aumentou a inserção de mulheres e jovens no mercado de trabalho, não sendo desprezível a porcentagem de mulheres chefes de família com filhos pequenos. Finalmente, a população brasileira se urbanizou e a "rua" se tornou mais perigosa, exigindo-se a criação de espaços institucionais para a permanência de crianças fora das famílias.
- Demanda social crescente por guarda (diurna) e educação de crianças menores de 7 anos, em consequência às alterações advindas do novo perfil demográfico e social da população, conforme apontamos no item anterior.

- Emergência de novos movimentos sociais, lutando por melhorias na vida urbana, entre elas, a creche; destacando-se a influência do feminismo na construção de novos significados sociais para esses equipamentos, que passaram a ser vistos como lugares de vida, de interação criança-criança e criança-adultos e não mais como "mal necessário".
- Influência de modelos "simplificados" para políticas sociais nos países em desenvolvimento apregoados por organizações multilaterais, tais como a Organização das Nações Unidas para a Educação, a Ciência e a Cultura (Unesco), o Fundo das Nações Unidas para a Infância (Unicef), e a Organização Mundial da Saúde (OMS). Tais modelos preconizavam, sobretudo a partir de meados da década de 1970, a adoção de políticas e estratégias governamentais segundo o protótipo que combinava baixo padrão de gasto público e "participação comunitária". Ainda que tais modelos tenham ampliado a oferta do atendimento em creches e pré-escolas, eles contribuíram para aumentar, em lugar de diminuir, as desigualdades sociais já que a chamada "participação comunitária" configurava-se, de fato, na utilização de trabalho feminino leigo, voluntário ou sub-remunerado, bem como na utilização de espaços privados, "ociosos", da comunidade, e caracterizados pela sua inadequação, complementados pela disponibilização de materiais de baixa qualidade, reciclados ou sucatas. Essas propostas foram produzidas no contexto do início da crise da Ditadura Militar, em 1977, que passa a adotar o discurso da "participação comunitária" em diferentes áreas da política social, num contexto de cerceamento das liberdades democráticas (liberdade de imprensa, de organização, suspensão de eleições presidenciais por 20 anos, entre outros exemplos).

As análises, os estudos e os diagnósticos mais atuais sobre a organização da oferta de educação infantil têm levado a concluir que ainda convivemos com diferenciados padrões de atendimento, acesso e qualidade, que reproduzem trajetórias educacionais diferentes, desiguais e piores para os pobres e negros desde a pequena infância.

Foram muitas lutas, conquistas e também retrocessos. Após uma longa trajetória, a criança brasileira de 0 a 5 anos é hoje concebida, nos estudos científicos e nos documentos legais e normativos, como um sujeito de direitos, entre eles o direito à educação. Direito que deve ser atendido por instituições no âmbito dos sistemas escolares e das esferas de governo. A educação infantil é direito da criança, dever do Estado e, no caso das creches, uma opção das famílias. No caso da pré-escola, não se trata de uma opção, mas, sim, de dever tanto dos responsáveis quanto do poder público de matricular todas as crianças de 4 e 5 anos em uma instituição educativa. Essas novas concepções também estão ancoradas na produção e na difusão de novos conhecimentos sobre a criança presentes nos estudos da Psicologia, da Medicina, da Sociologia, da Antropologia, da Pedagogia. Relacionam-se com os movimentos em prol dos direitos da criança, que culminaram na Convenção Mundial pelos Direitos da Criança, realizada em 1989.

Essas concepções valorizam a atividade educativa sistemática e qualificada, a ser promovida pelas instituições de educação da primeira infância. Consequentemente, essa ação educacional requer uma adequada formação e qualificação profissional para atuar com as crianças nessa faixa etária. Podemos dizer que surge uma "nova profissionalidade" para lidar com essa "nova concepção de criança".

Educação infantil: direito de todas as crianças brasileiras?

A noção ou conceito de creche e de pré-escola como direito social é introduzida no Brasil pela ação dos novos movimentos sociais, emergentes no final dos anos 1970. O movimento de creches integrou-se a esses movimentos sociais, que contribuíram para a ampliação da cidadania de vários grupos como as crianças, as mulheres, os negros, os indígenas, os LGBTQIA+. A luta desses segmentos da população teve papel fundamental na construção de novos direitos e na instauração de novos sujeitos de direitos, também com idades mais precoces.

Com o lema "Creche é direito, creche não é favor", ressaltamos algumas iniciativas que foram marcantes na luta por creches e pela educação infantil:

- A organização das mulheres de classes populares, habitando as periferias dos grandes centros urbanos, que lutaram e implantaram as primeiras iniciativas das creches comunitárias.
- A influência do feminismo, responsável também pela introdução de novos significados sociais para as creches. Como já destacado anteriormente, as creches passaram, graças às lutas feministas, a expressar um conceito positivo, como lugar de vida, de interações criativas entre crianças e entre elas e os adultos, não sendo portanto um direito apenas das mães que trabalham, mas também das crianças, uma bandeira importante na superação de discriminações de gênero.
- O Movimento de Luta por Creches (MLPC) surgiu em 1979, durante o Congresso da Mulher Paulista. Segundo Fúlvia Rosemberg, esse movimento, que teve como objetivo a criação de creches públicas e gratuitas para crianças de 0 a 6 anos, nos bairros e nos locais de trabalho, unificou lutas isoladas que ocorriam de forma dispersa em vários bairros de São Paulo. Nos anos seguintes de sua criação, o movimento expandiu-se para outras cidades brasileiras sendo hoje uma organização sem fins lucrativos que mantém os mesmos objetivos de sua criação.
- O surgimento, em meados dos anos 1980, do movimento chamado Criança Pró-Constituinte, que congregou amplo espectro de organizações, pessoas e tendências, propondo inovações na Constituição Federal relativamente aos direitos de crianças e jovens.

A partir do final dos anos 1990, é preciso registrar o papel dos Fóruns Estaduais de Educação Infantil e do Movimento Interfóruns de Educação Infantil do Brasil, o MIEIB, criado em 1999, no acompanhamento das políticas públicas, da ação dos governos federal, estaduais e municipais, estando presentes nas lutas para proteger e fazer avançar os direitos das crianças à educação, à proteção e à participação na vida social.

Outra iniciativa a ser destacada é a criação da Rede Nacional Primeira Infância, em 2007, congregando mais de 200 entidades – organizações da sociedade civil, do governo, do setor privado, de outras redes e de organizações multilaterais que atuam, direta ou indiretamente, pela promoção e garantia dos direitos da primeira infância.

Com esse breve histórico do surgimento e desenvolvimento das instituições infantis, podemos entender que os sentidos que orientam a organização das creches e das pré-escolas presentes nos documentos normativos e nos estudos acadêmicos foram sendo construídos em constante diálogo entre poder público e movimentos sociais e apontam para a busca da igualdade e do bem-estar das crianças e de suas famílias. Importante considerar que a educação, e em particular a educação infantil, refere-se tanto ao atendimento educacional de crianças quanto ao equipamento de proteção social à infância e campo de trabalho de homens e, majoritariamente, de mulheres. Por isso, persiste a luta pela adoção de propostas educativas que valorizem a expressão das crianças, que prezem pela indissociabilidade entre o cuidar e o educar e que fortaleçam as possibilidades criativas das professoras e das demais profissionais envolvidas.

A perspectiva histórica nos permite compreender que as instituições de educação infantil refletem a cultura de um povo; as disputas pelos conceitos de criança, de infância e de educação das infâncias; as opções políticas de um determinado período. Enfim, refletem o que somos e o que queremos para nossas crianças e nossas famílias. Podemos então perguntar: qual é a educação infantil que queremos? Que condições são necessárias para garantir uma educação de qualidade para as crianças? É o que veremos nos capítulos seguintes.

EM OUTRAS PALAVRAS

Neste capítulo, foram recuperados aspectos importantes da história da infância e das instituições educacionais destinadas à primeira infância. O surgimento dessas instituições, a partir do final do século XVIII, primeiro nos países europeus e depois se espalhando para outras partes do mundo, está relacionado a uma série de mudanças culturais, sociais, econômicas e políticas que vinham ocorrendo nas sociedades modernas. Além da industrialização e da urbanização, duas outras motivações devem ser ressaltadas: mudanças no papel da mulher, na família e no mundo do trabalho, evidenciando-se o aumento do trabalho feminino fora do domicílio; e nova percepção sobre as crianças, as quais passam a ser significadas como sujeitos de educação e cuidados praticados em instituições criadas para esse fim. Trata-se aqui da construção social da criança pequena como sujeito pedagógico.

Os temas da modernidade, do progresso da ciência e da técnica, do tratamento científico da pobreza e dos serviços a ela destinados sustentaram a difusão internacional dessas instituições. Com efeito, vários "cruzamentos" são observados na origem e no desenvolvimento dessas instituições, que mobilizaram, de forma combinada, empresários e empregadores; associações femininas; médicos, educadores e membros de instituições religiosas vinculadas ao catolicismo, ao espiritismo e ao protestantismo, bem como autoridades governamentais da nascente República. Mais tarde, a partir da década de 1970, acompanhamos o surgimento de movimentos sociais, como movimentos de bairro organizados por mulheres das periferias urbanas, e o movimento feminista em luta pelos direitos das mulheres.

Essa diversidade de objetivos, expectativas, concepções, que marca a origem das creches e das pré-escolas, requer que se leve em conta diferentes aportes advindos da história da infância, da família, da população, da urbanização, do trabalho, das relações de produção, além das demais instituições educacionais para que possamos compreender esse atendimento na sua complexidade.

AMPLIANDO O DEBATE

Para aprofundar seus conhecimentos sobre as origens das instituições educativas, é fundamental que você leia o livro clássico de

Philippe Ariès, *História social da criança e da família*. Esta obra foi publicada na França em 1960 e está inserida no marco teórico da chamada "História Nova", que propunha novas abordagens para a historiografia, entre elas o estudo do cotidiano de pessoas comuns. Ariès defende basicamente duas teses. A primeira é a inexistência, na Idade Média, do que o autor denominou "sentimento de infância". A segunda, a noção de que o surgimento desse sentimento seria responsável pela definição da infância como um período distinto da vida adulta. Como consequência, as crianças passaram a ocupar, de acordo com o historiador, um novo lugar na família e na sociedade. Ainda que pesem críticas sobre as teses defendidas pelo autor, é inegável a importância dessa obra que inaugurou um novo campo teórico conhecido como "História da Infância".

Se você conheceu mais profundamente o surgimento das escolas modernas e aprendeu com Ariès que elas estiveram ligadas ao projeto iluminista de sociedade, agora você precisa ler o livro de Kuhlmann Júnior, *Infância e educação infantil: uma abordagem histórica*. Neste livro, você terá oportunidade de aprofundar seus conhecimentos sobre as origens das creches e das pré-escolas e poderá compreender com mais profundidade esse importante aspecto que o autor quis nos alertar ao afirmar que: "Quando se desvaloriza a história por ela se ocupar do que já passou, o risco está na ilusão de se inventar a roda novamente. Atribuir-se a inauguração do novo pode até ser motivo para obter altos rendimentos vendendo a novidade no mercado. Mas também é motivo do rápido desvanecer de propostas mirabolantes, ou mesmo do ridículo diante da falta de seriedade e de consistência". Nada mais oportuno, já que o Brasil assiste de tempos em tempos a "propostas mirabolantes", elaboradas por parlamentares ou gestores de políticas públicas para reduzir custos no atendimento à população menor de 6 anos. A história da primeira infância e das formas de cuidado e educação nos ajuda a compreender por que não se pode reduzir o direito das crianças de aprenderem e de se desenvolverem em espaços coletivos a programas de baixo custo.

Referências

ARIÈS, Philippe. *História social da criança e da família*. 2. ed. Rio de janeiro: Zahar, 1981.
ASSOCIAÇÃO AMANTE DA INSTRUCÇÃO E DO TRABALHO. Jardim de Infância. *Revista Escolar*. Belo Horizonte, a.1, n.1, p.15-16, ago. 1906.
FARIA FILHO, Luciano Mendes de; VEIGA, Cynthia Greive.*500 anos de Educação no Brasil*. Belo Horizonte: Autêntica, 2000.
FARIA, Ana Lúcia Goulart de. *Educação pré-escolar e cultura*: para uma pedagogia da educação infantil. São Paulo/Campinas: Cortez/ Editora Unicamp, 1999.
FREITAS, Marcos C. de. Educação brasileira: dilemas republicanos nas entrelinhas de seus manifestos. In: STEPHANOU, M.; BASTOS, M. H. C. (orgs.). *Histórias e memórias da educação no Brasil*. v. III: Século XX.Petrópolis: Vozes, 2005, pp. 165-181.
HEILAND, Helmut. *Friedrich Froebel*. Recife: Fundação Joaquim Nabuco, Editora Massangana, 2010.
KUHLMANN JR. Moysés. *Infância e Educação Infantil*: uma abordagem histórica. 4. ed. Porto Alegre: Mediação, 2007.
_____. Educando a infância brasileira. In: LOPES, Eliane Marta Teixeira; FARIA FILHO, Luciano Mendes; VEIGA, Cynthia Greive. *500 anos de Educação no Brasil*. Belo Horizonte: Autêntica, 2000, pp. 469-496.
LUC, Jean-Noël. *L'invention du jeune enfant au XIXe siècle*: de la salle d'asile à l'école maternelle. Paris: Belin, 1997. 512 p.
_____. Les premières écoles enfantines et l'invention du jeune enfant. In: BECCHI, Egle; JULIA, Dominique. *Histoire de l'enfance en occident*: du XVIII siècle à nos jours. Paris: SEUIL, 1998, t. 2, pp. 321-348.
NASCIMENTO, Maria Isabel Moura. *O primeiro jardim de infância do Brasil*: Emília Erichsen. , Ponta Grossa, 2006. Dissertação (Mestrado) – Universidade Estadual de Ponta Grossa, 2006.Disponível em:https://tede2.uepg.br/jspui/handle/prefix/1270 Acesso em: 12 dez. 2022.
ROSEMBERG, Fúlvia. A cidadania dos bebês e os direitos de pais e mães trabalhadoras. In: FINCO, Daniela; GOBBI, Márcia Aparecida; FARIA, Ana Lúcia Goulart de (orgs.). *Creche e feminismo*: desafios atuais para uma educação descolonizadora. São Paulo/Campinas: Leitura Crítica: Associação de Leitura do Brasil – ALB/ Fundação Carlos Chagas – FCC, 2015, pp. 153-173.
SOUZA, Gizele. *Instrução, o talher para o banquete da civilização*: cultura escolar dos jardins de infância e grupos escolares no Paraná, 1900-1929. São Paulo, 2004. Tese (Doutorado em Educação) – Pontifícia Universidade Católica de São Paulo2004.
VIEIRA, Lívia Maria Fraga. Mal necessário: creches no Departamento Nacional da Criança (1940-1970). *Caderno de Pesquisa*. São Paulo v. 67, pp. 3-16, nov. 1988.
_____.Uma história da política de creches no Brasil: o Projeto Casulo da LBA (1977-1985). Zero-a-Seis, Florianópolis, v. 24, n. 45, pp. 34-66, jan./jun., 2022. DOI: https://doi.org/10.5007/1518-2924.2022.e82864

Bases legais do direito à educação infantil

A partir do final dos anos 1980, o Brasil iniciou o que chamamos processo de redemocratização do país. Intelectuais, autoridades e demais cidadãos mobilizaram-se na construção de um novo ordenamento social comprometido com as demandas de uma sociedade democrática, inclusiva e ávida por justiça e equidade. Foi nesse contexto de amplas participações populares que mudanças nos dispositivos legais passaram a expressar conquistas sociais.

No caso da criança de 0 a 5 anos, a Constituição da República Federativa do Brasil, promulgada em 5 de outubro de 1988; o Estatuto da Criança e do Adolescente (Lei n. 8.069/90); a Lei de Diretrizes e Bases da Educação Nacional (Lei n. 9.394/96); e, mais tarde, o Marco Legal da Primeira Infância (Lei n. 13.257/16) foram alguns desses dispositivos legais que asseguram importantes conquistas para esse segmento da população.

A Constituição de 1988 não apenas estabeleceu a educação infantil como direito das crianças, como também inovou ao determinar os responsáveis por assegurá-lo, fazendo corresponder, ao direito de cidadãos e cidadãs, o dever do Estado de ofertá-la. Assim, no texto legal, é dever tanto do empregador (inciso XXV do art. 7º) quanto do Estado (inciso IV do art. 208º) assegurar a assistência gratuita aos filhos(as) e aos/às dependentes desde o nascimento até os 5 anos de idade em creches e pré-escolas.

Ainda que a definição de creches e pré-escolas como atendimentos educacionais tenha sido estabelecida na Constituição de 1988 e reafirmada pela Lei de Diretrizes e Bases da Educação Nacional (LDBEN), de 1996, e pelo Estatuto da Criança e do Adolescente (ECA), não podemos afiançar que tal determinação tenha sido suficiente para que o direito à educação de bebês e demais crianças pequenas se efetivasse plenamente. Ainda hoje observam-se dificuldades, tanto da sociedade civil quanto dos poderes públicos, em compreender o atendimento educacional em instituições escolares como direito das crianças.

> Projetos de lei propondo a implantação de creches noturnas, que tramitam em câmaras de vereadores e no parlamento brasileiro, são exemplos da incompreensão ou da resistência em relação ao direito à educação infantil. Esses projetos contradizem as Diretrizes Curriculares Nacionais para a Educação Infantil (DCNEI), homologadas pelo Conselho Nacional de Educação em dezembro de 2009, que, no seu art. 5º designa creches e pré-escolas como espaços institucionais não domésticos, cujo funcionamento deve ocorrer unicamente em período diurno, em jornada integral ou parcial.

As dificuldades de se conceber a educação infantil como primeira etapa da educação básica, presentes na sociedade de modo geral e mais especificamente no âmbito do sistema educacional, pode ser constatada em muitos aspectos que persistem dificultando a concretização do preceito legal da garantia de atendimento educacional às crianças menores de 6 anos. Podemos citar como exemplos:

- A configuração da carreira das professoras, marcada por baixos salários, instabilidades quanto ao vínculo empregatício, e o não cumprimento de 1/3 (um terço) da carga horária prevista na Lei do Piso Salarial Nacional dos docentes, para o planejamento das atividades.

- Ausência, nos planos de carreira, de incentivos à formação continuada ou inadequações quanto a estratégias de políticas de desenvolvimento profissional em serviço.
- A escassez, falta, insuficiência ou inadequação dos espaços físicos, dos materiais didáticos e dos equipamentos.
- A inconformidade dos projetos político-pedagógicos e das propostas curriculares, que desconsideram as especificidades da primeira infância.

A seguir, veremos mais detidamente como a legislação brasileira e alguns documentos oficiais organizam a educação de forma a promover o direito das crianças a creches e pré-escolas de qualidade.

EDUCAÇÃO INFANTIL NA LEGISLAÇÃO NACIONAL

Sabemos que proclamar um direito é condição importante, mas não suficiente para sua efetivação. Inúmeras discussões e acordos prévios são estabelecidos até que um direito seja declarado em lei. Depois da sua determinação legal, inicia-se o processo de regulamentação e, finalmente, faz-se necessária a implantação de políticas públicas para que, pouco a pouco, o direito declarado ganhe materialidade e se efetive como realidade.

Na educação infantil, basta pensar que, entre a promulgação da Constituição Federal, em 1988, e a aprovação da mais importante lei, que regulamenta os artigos relacionados à educação escolar, a Lei de Diretrizes e Bases da Educação Nacional (LDBEN) (Lei n. 9.394/96), transcorreram oito anos de intensos debates para que, finalmente, fosse homologada em 20 de dezembro de 1996.

A Seção II da LDBEN dá destaque à educação infantil e, nos seus três artigos, estabelece a finalidade dessa etapa educativa como sendo o desenvolvimento integral da criança (art. 29º) e define os parâmetros para sua organização (art. 30º e art. 31º). A partir dessas determinações legais foram promulgadas leis complementares, decretos e documentos normativos.

Veremos, neste capítulo, alguns dos dispositivos legais que estabeleceram parâmetros para a organização da Educação infantil nacional e dispuseram sobre sua inclusão nos sistemas de ensino. Em seguida, serão apresentadas as bases sob as quais se assenta a política de financiamento entendida como um dos condicionantes fundamentais para assegurar o acesso, a permanência e a qualidade desse atendimento educacional. Outras importantes definições expressas na legislação serão discutidas na sequência: a educação básica de matrícula e oferta obrigatórias e o direito à creche; o papel dos entes federados e a relação entre eles; os avanços observados, nas últimas décadas, na oferta de creches e pré-escolas no Brasil e, finalmente, desafios que ainda precisam ser superados para garantir às crianças o direito à educação infantil de qualidade.

A Educação infantil nos sistemas de ensino

A Constituição Federal de 1988 reconhece o Brasil como uma República Federativa, formada pela união indissolúvel entre o nível federal, os estados, os municípios e o Distrito Federal (art. 1º da Constituição). Essa união se dá sob dois princípios: o princípio da autonomia dos entes federados e, ao mesmo tempo, da colaboração entre eles.

Para formalizar o princípio da autonomia, a Constituição Federal definiu as diferentes responsabilidades de cada ente federado. No caso da educação, vimos que compete aos municípios a oferta da educação infantil em creches para crianças de 0 a 3 anos e em pré-escolas para crianças de 4 e 5 anos. O ensino fundamental é competência comum, ou seja, responsabilidade compartilhada de estados e municípios. O ensino médio é incumbência dos estados brasileiros.

Entretanto, para que a autonomia não seja confundida com exclusividade na responsabilidade de assegurar o direito à educação, a Constituição Federal determinou o regime de colaboração por meio do qual estados e municípios devem estabelecer "formas de cooperação". Para isso, há que se assegurar uma "distribuição proporcional de responsabilidades", de acordo com a população a ser atendida e os recursos financeiros que cada governo tem para aplicar na educação (art. 211º da Constituição Federal).

O quadro a seguir retrata a distribuição das responsabilidades entre os estados, o Distrito Federal e os municípios na oferta da educação escolar.

Quadro 1 – Responsabilidades pela oferta da educação por ente federado

Etapas da educação básica	Ente federado
Educação infantil – creches e pré-escolas	Municípios
Ensino fundamental	Municípios e estados
Ensino médio	Estados

Fonte: Elaboração das autoras a partir da Constituição Federal (art. 211º) e da LDBEN (art. 8º, 9º, 10º, 11º).

A Constituição Federal introduz duas novidades na organização da educação brasileira que, como veremos, impactam na oferta e na organização da educação infantil. A primeira delas é a possibilidade de os municípios organizarem seus sistemas de ensino. Até 1988, a União, os estados e o distrito federal possuíam sistemas de ensino, enquanto os municípios deveriam submeter-se aos sistemas estaduais. A segunda novidade sobre a qual já tratamos brevemente é a instituição do regime de colaboração entre os sistemas de ensino (art. 211º da Constituição Federal).

Com relação à primeira novidade, é importante ter em mente que a organização autônoma de um sistema de ensino municipal é uma possibilidade prevista pela legislação e não uma exigência. Não sendo uma exigência constituir seu próprio sistema de ensino, a LDBEN prevê duas outras alternativas: a integração da rede municipal ao sistema estadual de ensino ou a constituição de um sistema único de educação básica com o estado. Vejamos cada uma das alternativas.

A primeira delas é a constituição do seu próprio sistema de ensino. Significa que o município, nesse caso, decidiu responsabilizar-se por baixar normas complementares às nacionais, além de autorizar, credenciar e supervisionar os estabelecimentos do seu sistema de ensino.

A segunda é a integração da sua rede ao sistema estadual de ensino. Nesse caso, os municípios abrem mão de sua autonomia e as escolas municipais ficam submetidas às normas do sistema estadual. A autorização para funcionamento, a supervisão e a avaliação das instituições privadas e públicas de educação infantil ficam, dessa forma, a cargo do órgão estadual competente.

A terceira forma seria a da constituição de um sistema único de educação básica. Essa última possibilidade não se concretizou, isto é, não existem experiências, no país, que exemplifiquem essa opção. A proposição legal parece indicar a organização de uma única rede de escolas públicas, administradas conjuntamente pelo estado e pelos municípios, de maneira integrada, fundindo recursos financeiros, tecnológicos, materiais e humanos. O resultado seria a unificação das redes escolares sem distinção entre unidades estaduais e municipais.

A seguir veremos como se estrutura o sistema municipal de ensino no caso dos municípios que optam por essa forma de organização.

Como se estrutura o Sistema Municipal de Ensino

Segundo a LDBEN, os seguintes órgãos e instituições fazem parte do sistema municipal de ensino:

1. As instituições municipais de educação básica criadas e mantidas com recursos públicos municipais, isto é, as escolas de educação infantil, de ensino fundamental (regular e educação de jovens e adultos) e/ou de ensino médio públicas municipais.

> Ainda que não seja prioridade do município atender o ensino médio, a legislação admite ao município ofertar desde que estejam "[...] atendidas plenamente as necessidades de sua área de competência e com recursos acima dos percentuais mínimos vinculados pela Constituição Federal à manutenção e desenvolvimento do ensino", conforme estabelece o inciso V do art. 11º da LDBEN. Há municípios que ofertam ensino médio e até mesmo ensino superior ainda que estejam longe de atender plena e satisfatoriamente a educação infantil, descumprindo, assim, essa determinação legal.

2. As instituições privadas de educação infantil, isto é, as particulares (com fins lucrativos) e as filantrópicas, comunitárias e confessionais (sem fins lucrativos).
3. Os órgãos municipais de educação. Entre estes, o órgão administrativo – normalmente a Secretaria de Educação, e o normativo – em geral, o Conselho Municipal de Educação.

O organograma, a seguir, resume a estrutura básica do sistema municipal de ensino.

Figura 4 – Principais órgãos do Sistema Municipal de Ensino

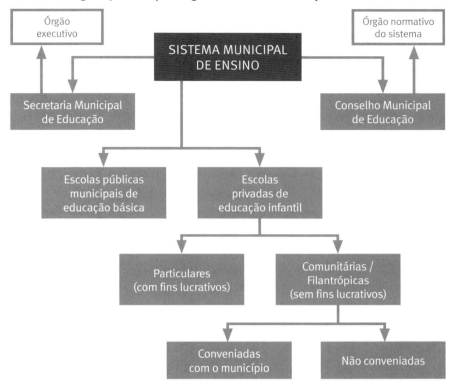

Na organização dos sistemas municipais de ensino, os conselhos municipais de educação assumem papel fundamental, como órgãos deliberativos, normativos e consultivos do sistema, não apenas no estabelecimento de normas e diretrizes para a política de educação infantil, mas também como instância de controle social.

Como fica evidenciado na descrição anterior, observam-se duas importantes diferenças entre um município que não constituiu seu próprio sistema e aquele que optou por essa forma de organização. A primeira delas refere-se à autonomia do município em relação à normatização e ao acompanhamento da oferta dos serviços educacionais. A segunda é sua responsabilidade em relação às instituições privadas, o que exigirá um novo ordenamento normativo, novas estruturas e competências do órgão executivo, agora pautado na lógica de sistema, e não de rede de ensino.

Pelo que vimos até aqui, podemos concluir que a maneira de os municípios se estruturarem, isto é, de se organizarem ou não por meio de um sistema próprio de ensino, é um aspecto importante que impacta a oferta dos serviços educacionais. Entretanto, além de definir de quem é a prioridade e como serão organizadas as estruturas governamentais, o financiamento público é condição essencial. Na próxima seção, veremos como a política de financiamento no Brasil está estruturada para ofertar o atendimento educacional às crianças menores de 6 anos.

O financiamento da educação infantil

Um dos condicionantes para a efetivação do direito das crianças pequenas à educação diz respeito às políticas de financiamento público. O estabelecimento constitucional de percentuais mínimos para o financiamento da manutenção e desenvolvimento da educação foi, sem dúvida, um elemento importante para o aprimoramento das políticas educacionais. Assim, de acordo com nossa Constituição, municípios e estados devem aplicar, no mínimo, 25% de suas receitas em educação, conforme as prioridades definidas. Já o governo federal deve aplicar no mínimo 18%. Mas, ainda que essa definição legal tenha impactado positivamente, ela não assegurava que os municípios aplicassem seus recursos na educação infantil. Veremos que foi preciso pensar formas específicas de financiamento.

Fundo de Manutenção e Desenvolvimento da Educação Básica e de Valorização dos Profissionais da Educação

É importante ter em conta que somente a partir de 2006, com a criação do Fundo de Manutenção e Desenvolvimento da Educação Básica e de Valorização dos Profissionais da Educação, o Fundeb, é que um maior montante de recursos públicos passou a ser destinado à primeira etapa da educação básica. Até sua aprovação, a principal fonte de recursos era o Fundo de Manutenção e Desenvolvimento do Ensino Fundamental e de Valorização do Magistério (Fundef), que como o próprio nome diz, destinava recursos somente para o ensino fundamental.

> *O que é o Fundeb?*
>
> É um mecanismo de redistribuição de recursos públicos para assegurar a oferta da educação básica.
>
> *Como esse Fundo está constituído e como ele opera?*
>
> O Fundeb é constituído pelo conjunto dos 27 fundos (26 estaduais e 1 do Distrito Federal). Esses 27 fundos são compostos por recursos de diferentes fontes de impostos, estaduais e municipais, determinados pela Constituição Federal e, em casos de necessária complementação, também por transferências do governo federal. A LDBEN determina que tipo de despesas os entes federados podem realizar com esses recursos. Essas despesas são denominadas de Manutenção e Desenvolvimento do Ensino (MDE). Os recursos do Fundeb (que resultam da soma dos impostos e das transferências arrecadadas) são divididos de acordo com o número de estudantes matriculados na educação básica pública. E como saber o número de estudantes matriculados em cada escola pública brasileira? Para saber quantos são os estudantes matriculados em cada etapa e modalidade da educação básica, recorre-se ao censo escolar do ano anterior. Para efeito de cálculo do repasse, é fixado pelo Ministério da Educação um Valor Aluno Ano, o VAA. No caso de um estado brasileiro não alcançar este VAA (por sua baixa arrecadação), a União complementa com a redistribuição de recursos federais.

Os debates e as tensões para aprovação do Fundo marcaram o início dos anos 2000. Uma dessas tensões era a proposta de retirada das creches desse financiamento. A inclusão desse primeiro segmento da educação infantil (creches) no Fundeb foi resultado da intensa movimentação de setores da sociedade comprometidos com o direito de bebês e crianças bem pequenas à educação. A luta vitoriosa pela inclusão das creches no Fundeb, em 2006, ficou conhecida como "Movimento Fraldas Pintadas" e contou com "carrinhatas" e "chocalhaços" no Congresso Nacional, em Brasília, engrossando a iniciativa "Fundeb pra Valer".

Figura 5 – Logomarca criada pelo cartunista Claudius Ceccon por ocasião do movimento conhecido como "Fraldas Pintadas", deflagrado em 2006 para a inclusão das creches na Lei do Fundeb

Retomar esse movimento é importante para compreender como se instituem as políticas públicas em um contexto marcado pela demanda crescente por serviços educacionais, pela pressão decorrente da dívida social ocasionada pelo atraso em atendê-los e pelas desigualdades sociais, econômicas e educacionais que marcam a história do país e também por um momento de fortalecimento da democracia no Brasil.

Com a aprovação do Fundep, Lei n. 11.494, de 2007, creches e pré-escolas entraram na distribuição dos recursos constitucionalmente vinculados às matrículas, superando, assim, limites e dificuldades impostas pela prioridade (quase exclusividade) que era dada ao ensino fundamental no financiamento da educação pública.

Na esteira dessa aprovação, três anos após sua promulgação, a Emenda Constitucional n. 59 de 2009, entre outras determinações, ampliou, para todas as etapas da educação básica (educação infantil, ensino fundamental e ensino médio), o alcance dos programas suplementares, voltados para o atendimento ao educando, tais como: compra e distribuição de materiais didáticos, transporte escolar, alimentação e assistência à saúde. Dessa maneira, a compra de materiais didáticos, de livros de literatura, livros teóricos destinados à formação de professores, e o transporte escolar e a alimentação puderam ser destinados também às demais etapas da educação básica, não ficando restritas ao ensino fundamental.

Outra informação importante acerca do Fundeb é que, na sua primeira versão, ele não foi instituído como mecanismo permanente de financiamento e, na própria lei que o criou, estabeleceu-se sua duração. Assim, a primeira lei que criou o Fundo entrou em vigor em janeiro de 2007 e se estendeu até 2020. Sua instituição como instrumento permanente de financiamento da educação pública veio se dar apenas em 2020, por meio da Emenda Constitucional n. 108, de 27 de agosto de 2020, tendo sido regulamentada pela Lei n. 14.113, de 25 de dezembro de 2020. Ainda que não tenha representado aumento significativo de recursos, ao estabelecer um percentual fixo a ser destinado à primeira etapa da educação básica, o novo Fundeb contribuiu para uma definição mais clara das políticas de financiamento público para a educação infantil.

Igualmente relevante foi a elevação da aplicação mínima dos recursos destinados ao pagamento dos profissionais da educação básica, que passou de 60% (antigo Fundeb) para 70% (novo Fundeb). Como a aprovação da Lei do Fundeb data de 2020, não podemos ainda avaliar seu impacto, mas podemos, sim, esperar que sua implantação incida positivamente na educação infantil, pois, como sabemos, suas profissionais, em muitos casos, atuam em condições precárias de trabalho, sendo, entre as profissionais da educação básica, as que contam com os menores salários.

Finalmente, o estabelecimento do Custo Aluno Qualidade (CAQ) como parâmetro para assegurar o padrão mínimo de qualidade também deverá afetar positivamente o atendimento na educação infantil, já que se trata do segmento que possui o custo mais elevado dentro da educação básica. Como se não bastasse o custo maior em relação às demais etapas, somam-se a esse fator os inúmeros desafios relacionados à necessária expansão de vagas e aos padrões de qualidade no atendimento, ainda distantes do suficiente e adequado.

> *O que é o Custo Aluno Qualidade (CAQ)?*
>
> O CAQ traduz em valores o quanto o Brasil precisa investir por aluno ao ano, em cada etapa e modalidade da educação básica pública, para garantir, ao menos, um padrão mínimo de qualidade do ensino. Para calcular esse custo por aluno, são elencados os recursos necessários a uma educação de qualidade, tais como: banheiros, saneamento básico, acesso a água potável, biblioteca, salários dignos para os profissionais da educação, quantidade adequada de estudantes por turma, materiais didáticos e equipamentos, merenda escolar etc. Além de dizer quais são os recursos, calculam-se seus valores. O CAQ, como um dos dispositivos do financiamento da educação pública, permitirá aos gestores monitorar a aplicação desses recursos e verificar se de fato estão sendo utilizados na melhoria da educação.

O salário-educação

Além do Fundeb, principal fonte de financiamento da educação básica, existem recursos complementares como os do salário-educação. Trata-se de uma contribuição social, instituída desde 1969, mantida na Constituição Federal de 1988 e destinada ao financiamento de programas, projetos e ações voltados para a educação básica pública.

O montante de recurso que forma o salário-educação vem da contribuição das empresas e instituições vinculadas à Previdência Social. Elas são obrigadas a recolher 2,5% do salário-mínimo por cada empregado. Algumas instituições são isentas do recolhimento do salário-educação, tais como as instituições públicas de ensino, algumas escolas comunitárias, confessionais e filantrópicas e algumas organizações de fins culturais, hospitalares e de assistência social.

O recurso do salário-educação atende a finalidades como: programas de transporte escolar, de alimentação e de compra e distribuição de materiais didático-pedagógicos.

Educação básica obrigatória e creche como dever de Estado

Além da política de financiamento, muitas mudanças se processaram na legislação educacional desde a promulgação da Constituição Federal. Foi em decorrência dessas alterações que uma nova lei, a

Lei n. 12.796 de abril de 2013, cumpriu o papel de incorporar na LDBEN – Lei n. 9.394/96 – o que vinha sendo alterado por meio de Emendas Constitucionais, decretos e leis correlatas. Uma dessas alterações foi a adoção de nova terminologia para designar a ampliação da educação compulsória.

Conforme veremos, a extensão da educação obrigatória no Brasil se deu paulatinamente, em consonância com as demandas sociais por ampliação do direito à educação, mas também pelas condições que foram sendo criadas na medida em que o acesso ao Ensino Fundamental foi atingindo patamares de universalização.

A linha do tempo a seguir (Figura 6) ajuda a visualizar como passamos de um país cuja duração da educação compulsória era uma das menores do mundo (8 anos) para um dos países com maior extensão temporal da educação obrigatória (14 anos), no final da primeira década dos anos 2000.

Figura 6 – Linha do tempo – Alterações ocorridas na legislação entre 1988 e 2009, que estabeleceram a faixa etária obrigatória para a oferta e para a matrícula dos estudantes da educação básica

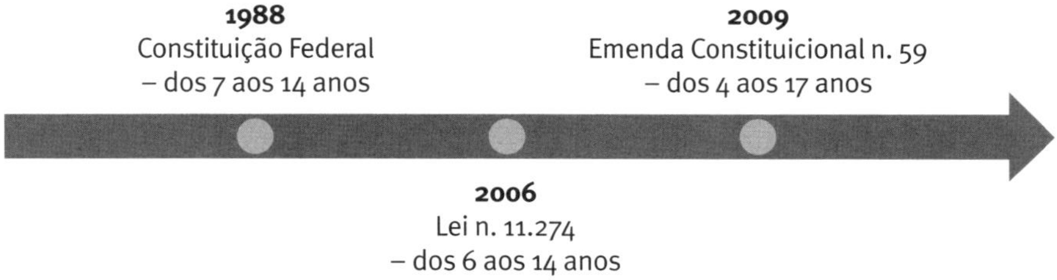

1988
Constituição Federal
– dos 7 aos 14 anos

2006
Lei n. 11.274
– dos 6 aos 14 anos

2009
Emenda Constituicional n. 59
– dos 4 aos 17 anos

Como se pode ver na Figura 6, se no momento da promulgação da Constituição Federal (1988) a educação obrigatória compreendia a faixa etária entre 7 e 14 anos, relativa ao ensino fundamental, ela se estendeu dos 6 aos 14 anos de idade em 2006, por meio da Lei n. 11.274, ampliando para 9 anos de duração. E, em 2009, por meio da Emenda Constitucional n. 59, determinou-se a obrigatoriedade da matrícula desde a pré-escola até o ensino médio, incluindo pessoas de 4 a 17 anos.

Educação infantil

Como salientamos, a Lei n. 12.796 de 2013 incorporou uma série de alterações à LDBEN. Uma delas foi exatamente o ajuste do recorte temporal da educação compulsória. Para isso, criou-se uma nova nomenclatura designando as etapas que compõem a educação básica de matrícula e de oferta obrigatória, a chamada *educação básica obrigatória*.

Figura 7 – Organização da educação básica brasileira

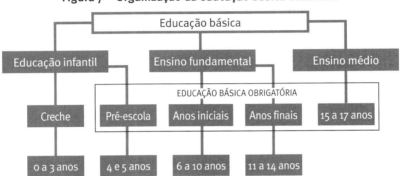

> O sistema educacional brasileiro possui dois níveis de ensino: a educação básica e a educação superior.

Como fica evidente no organograma da Figura 7, a *educação básica obrigatória* é constituída pela pré-escola, que atende a faixa etária de 4 e 5 anos; pelo ensino fundamental, 6 a 14 anos e pelo ensino médio, de 15 a 17 anos. Observa-se que apenas a creche, atendimento de 0 a 3 anos, não está incluída na educação básica obrigatória. Porém, apesar de não pertencer à educação básica obrigatória, a oferta de creche tem caráter obrigatório para o poder público. A diferença entre o atendimento em creche, na pré-escola e nas demais etapas, ensino fundamental e ensino médio, é que a matrícula de bebês e de crianças bem pequenas (0 a 3 anos) se configura como opção das famílias.

> Podemos assim resumir: a matrícula em creche é direito das crianças, opção das famílias e dever do Estado (poder público).

Significa dizer que, para aquelas famílias que optarem por matricular seus filhos em instituições educativas desde o seu nascimento, a vaga deve ser-lhes assegurada. Se alguma dúvida restasse, a decisão do Supremo Tribunal Federal, de setembro de 2022, fixou o entendimento de que a educação básica é direito fundamental e garantiu o dever constitucional do Estado de assegurar vagas em creches para crianças de 0 a 3 anos e na pré-escola, para crianças de 4 e 5 anos de idade. Fica assim dirimida qualquer possibilidade de eximir o Estado, na figura do município, ente federal responsável prioritário pela educação infantil, da sua obrigação de ofertar vagas para crianças de 0 a 3 anos, cujas famílias requerem matrículas em creches.

A autonomia e o regime de colaboração

A ampliação do ensino obrigatório trouxe consigo o aumento das responsabilidades dos sistemas de ensino na construção de políticas integradas e coesas. Para melhor compreender essas responsabilidades, é fundamental conhecer a distribuição de responsabilidades determinada a cada nível de governo de acordo com a legislação.

À União compete coordenar a política nacional de educação. Para tanto, deve responsabilizar-se, entre outras funções, pela elaboração do Plano Nacional de Educação (PNE), em colaboração com municípios, estados e Distrito Federal.

> O Plano Nacional de Educação é um plano decenal que estabelece metas e estratégias para atingir as prioridades definidas pela sociedade brasileira. A lei que aprovou o PNE em vigor até 2024 é a Lei n. 13.005 de 25 de junho de 2014.

Além de coordenar a elaboração compartilhada do PNE, compete à União:

- Organização, manutenção e desenvolvimentos dos órgãos do sistema federal de ensino;
- Coleta, análise e divulgação de informações sobre a educação, que são as estatísticas educacionais como o censo escolar e outros estudos;

- A organização de sistema nacional de avaliação do rendimento escolar;
- A prestação de assistência técnica e financeira aos demais entes federados;
- Autorizar, reconhecer, credenciar, supervisionar e avaliar os cursos das instituições de educação superior e os estabelecimentos do seu sistema de ensino.

Os estados, além de responsabilizar-se pelas instituições que compõem seu sistema de ensino (instituições criadas e mantidas com recursos públicos estaduais), devem assegurar as matrículas no ensino fundamental, de maneira compartilhada com os municípios, e oferecer, com prioridade, o ensino médio.

Cabe aos municípios a oferta da educação infantil, em creches e pré-escolas, e prioritariamente, do ensino fundamental. Como já destacamos anteriormente, somente pode atuar em outros níveis de ensino quando atender plenamente as necessidades de sua área de competência (educação infantil e ensino fundamental) e com recursos acima dos percentuais mínimos vinculados pela Constituição Federal.

A definição de prioridades não significa exclusividade de atuação para cada um dos entes federados ou isolamento entre eles. O regime de colaboração obriga a União, os estados, o Distrito Federal e os municípios a definirem formas conjuntas para assegurar a universalização, a qualidade e a equidade do atendimento educacional. Assim, *autonomia dos entes federados* e *regime de colaboração* são dois princípios indissociáveis no sistema federativo brasileiro.

No caso específico da educação infantil, de acordo com o regime de colaboração, sua oferta, como direito de todas as crianças e de suas famílias, implica a cooperação entre União, estados, distrito federal e municípios. O Quadro 2, a seguir, traduz as competências e ações que cada nível de governo deve assumir para a materialização desse direito, em consonância com as definições constitucionais e legais.

Quadro 2 – Competências e ações requeridas de cada ente federado para o cumprimento do direito à educação infantil

União	Formulação da política nacional
	Coordenação nacional (articulação com outros órgãos e ministérios que tenham políticas e programas para crianças de 0 a 6 anos)
	Estabelecimento de diretrizes gerais
	Assistência técnica e financeira aos estados, ao Distrito Federal e aos municípios
	Coleta, análise e disseminação de informações educacionais
	Regulamentação e normatização pelo CNE
	Formação universitária de professores
	Fomento à pesquisa
Estados	Formulação da política estadual
	Coordenação estadual
	Execução das ações estaduais
	Assistência técnica e financeira aos municípios
	Normatização pelo CEE
	Autorização, reconhecimento, credenciamento, fiscalização, supervisão e avaliação dos estabelecimentos do seu sistema de ensino
	Formação universitária de professores
	Fomento à pesquisa
	Formação de professores na modalidade Normal, em nível médio
Municípios	Municípios com sistema municipal de ensino: Formulação da política municipal
	Coordenação da política municipal
	Execução dos programas e das ações
	Normatização pelo CME (quando houver)
	Autorização, reconhecimento, credenciamento, fiscalização, supervisão e avaliação dos estabelecimentos do seu sistema de ensino
	Formação continuada de professores em exercício
	Fomento à pesquisa
	Municípios integrados ao sistema estadual de ensino: formulação da política municipal
	Coordenação da política municipal
	Execução dos programas e das ações
	Formação continuada de professores em exercício
	Fomento à pesquisa

Fonte: Portal MEC, 2004. Acessível em http://portal.mec.gov.br/seb/arquivos/pdf/pol_inf_eduinf.pdf.

EDUCAÇÃO INFANTIL: CONQUISTAS E DESAFIOS

Como ressaltamos anteriormente, a partir do final da década de 1980, o Brasil vivenciou intensos movimentos coletivos que resultaram na reformulação da sua legislação educacional e culminaram em ações, projetos e políticas públicas voltadas para a ampliação do direito de bebês e demais crianças pequenas à educação.

Nesta seção, veremos, primeiramente, algumas conquistas fundamentais para a educação infantil brasileira e, em seguida, desafios a serem enfrentados para a garantia do direito das crianças a uma educação de qualidade.

A caminho da qualidade: conquistas das últimas décadas

Entre as conquistas, destaca-se o conjunto de normas (pareceres, resoluções e demais deliberações) elaboradas pelo Conselho Nacional de Educação (CNE). Desde a Constituição Federal, a educação infantil, como etapa inicial da educação básica, passou a merecer maior atenção e, portanto, requereu diretrizes educacionais em nível nacional e normas próprias elaboradas pelo sistema ao qual passou a pertencer. Anteriormente, as normas vigentes eram tributárias de concepções de criança e de educação forjadas sob a figura do amparo e da assistência. Sob a coordenação da educação, instituições e sistemas de ensino se veem obrigados a se adequarem a critérios, valores e objetivos próprios da área educacional, tomando-os como referência.

Um exemplo emblemático dessa mudança em relação aos parâmetros para organizar o atendimento de bebês e demais crianças pequenas sob a égide da educação são as Diretrizes Curriculares Nacionais para a Educação Infantil (DCNEI).

As primeiras Diretrizes, aprovadas em 1999, foram reformuladas em 2009 e estabelecem princípios, fundamentos e procedimentos que devem orientar as instituições de educação infantil, públicas e privadas, na organização, articulação, desenvolvimento e avaliação de suas propostas pedagógicas. Trata-se, portanto, de documento essencial por meio do qual o Brasil enuncia qual deve ser a identidade dessa etapa educativa e, consequentemente, dos profissionais que nela atuam.

No caminho para a consolidação da educação infantil como primeira etapa da educação básica, o processo de integração das instituições aos respectivos sistemas de ensino mostrou-se essencial. Como responsáveis pela oferta, os municípios se viram obrigados, a partir da promulgação da LDBEN de 1996, a estabelecer parâmetros, valores e objetivos próprios da área educacional, com vistas a regulamentar a educação infantil. A regulamentação, em muitos municípios brasileiros, ao respeitar os preceitos democráticos de ampla participação popular e a noção de bem comum, promoveu intenso debate social e ajudou a mostrar as graves distorções existentes no atendimento e nas políticas voltadas para a educação infantil.

> Para conhecer um exemplo de regulamentação da educação infantil, acesse a Resolução do Conselho Municipal de Educação de Belo Horizonte, conferir: http://portal6.pbh.gov.br/dom/iniciaEdicao.do?method=DetalheArtigo&pk=1138760#:~:text=1%C2%BA%20%2D%20A%20educa%C3%A7%C3%A3o%20infantil%2C%20primeira,at%C3%A9%205%20(cinco)%20anos%20de.

Além disso, ao tornar públicos, por meio de pareceres e resoluções, os critérios que devem orientar o funcionamento das instituições, os conselhos de educação expressam exigências sociais por qualidade, definindo parâmetros e orientações de caráter mandatório para instituições públicas e privadas de educação infantil.

Esse processo de integração das instituições aos sistemas de ensino significou (e ainda significa) um movimento de dupla direção, nem sempre cooperativo e coerente. De uma parte, os órgãos normativos dos respectivos sistemas de ensino precisam elaborar padrões básicos, abaixo dos quais os serviços são considerados inaceitáveis. Além disso, são obrigados a acompanhar e supervisionar a sua implantação. De outra parte, as instituições educativas devem se adequar a esses padrões.

A seguir, elencamos algumas contribuições que a regulamentação pode trazer para a melhoria da qualidade da educação infantil:

- Garantia do cumprimento da exigência legal de formação profissional em nível superior admitido nível médio, na modalidade Normal, como sendo o mínimo exigido para o exercício da docência;
- Definição de estratégias e de condições materiais para assegurar o desenvolvimento profissional continuado;
- Adequação dos espaços físicos, considerando condições de acessibilidade, de saneamento e de segurança, tais como água tratada, salas de atividades arejadas, instalações sanitárias de uso exclusivo das crianças, móveis e equipamentos de acordo com as idades das crianças e adequados ao desenvolvimento do projeto pedagógico;
- Número de crianças por turma e por professor, considerando as características do espaço físico, a faixa etária das crianças e a proposta pedagógica;
- Elaboração e desenvolvimento da proposta pedagógica e do regimento interno da instituição educativa;
- Gestão democrática das instituições públicas, que assegure a participação de professores, das crianças, das famílias e da comunidade nos processos administrativos e pedagógicos;
- Estabelecimento das sanções para os casos de descumprimento de prazos e dos padrões estabelecidos;
- Definição das condições necessárias para assegurar a permanência das crianças com deficiências desde a creche, na perspectiva inclusiva.

Outros aspectos a serem destacados como exemplo de conquistas obtidas pela educação infantil são a criação do piso nacional salarial para os profissionais do magistério da educação básica pública (Lei n. 11.738, de 2008) e a aprovação das diretrizes nacionais para os planos de carreira e remuneração dos profissionais do magistério da educação básica pública (Resolução CNE/CEB n. 2, de 2009). Ambos os aspectos integram-se às mudanças que impactaram positivamente na educação infantil, contribuindo para a sua consolidação como primeira etapa da educação básica.

A seguir, elencamos alguns resultados desse processo obtidos nas últimas décadas:

- O incremento do número de matrículas, principalmente em instituições públicas;
- O aumento das matrículas de crianças com deficiência em creches e pré-escolas, materializando os princípios da educação inclusiva;
- A regulação dos convênios sob a coordenação da educação e sob a responsabilidade das políticas educacionais dos municípios;
- A adoção de parâmetros de qualidade na oferta da educação infantil;
- A presença crescente de professoras com formação em nível superior;
- A maior profissionalização, por meio de cursos e ações que investem no desenvolvimento profissional de docentes e pessoal de apoio à docência.

Se muito vale o já feito, mais vale o que virá: principais desafios

Se os indicadores mencionados anteriormente expressam o processo de institucionalização da educação da criança pequena no âmbito dos sistemas de ensino, muitos desafios ainda persistem para a consolidação de uma educação infantil de qualidade. A seguir, mencionamos alguns deles.

Primeiro desafio: consolidar a identidade da educação infantil

Compreender as especificidades da educação infantil implica respeitar suas diferenças, inclusive em relação ao ensino fundamental. Classes numerosas, com crianças de pouca idade, que nem sequer alcançam a altura das mesas e mal conseguem se sentar em cadeiras é situação recorrente em escolas de municípios brasileiros. Essas inadequações do mobiliário apenas indicam outras muito graves, como as relacionadas ao currículo, aos materiais didáticos utilizados, aos processos de avaliação que se mostram desajustados em relação ao desenvolvimento das crianças na primeira infância.

O ensino fundamental com duração de nove anos, ao invés de representar melhores oportunidades de acesso ao conhecimento, transformou-se, em alguns casos, na pressão pela antecipação de conteúdos para as crianças de 6 e até mesmo para as de 5 anos, o que tem significado também experiências precoces de fracasso escolar. Resultados de aprendizagem que tradicionalmente eram esperados ao final do primeiro ano do ensino fundamental – portanto, para crianças de 7-8 anos – passaram a ser requeridos para as crianças antes mesmo do término da pré-escola, com 5-6 anos. A pressão para que as crianças reconheçam letras, separem sílabas, realizem treinos mecânicos de letras manuscritas, façam cópias de palavras e de textos sem sentido, recitem os números em uma mera demonstração de memorização e não da compreensão acerca do funcionamento do sistema numérico recai sobre crianças em idades cada vez mais precoces.

Para que a obrigatoriedade do ensino a partir dos 4 anos de idade e o ingresso no primeiro ano do ensino fundamental aos 6 anos contribuam para a expansão das experiências infantis, faz-se necessário que as diretrizes legais e normativas se materializem em práticas pedagógicas cotidianas. Para tanto, mudanças no funcionamento das escolas, na carreira docente, na formação dos professores e nos currículos são necessárias e urgentes. Por esses e outros motivos, este é o desafio mais exigente, pois incide sobre vários aspectos, desde a organização dos espaços e equipamentos até a prática pedagógica cotidiana desenvolvida junto às crianças.

Segundo desafio: democratizar o acesso

A ampliação do número de vagas na educação infantil ainda é um desafio. De um lado, é preciso ofertar mais vagas para crianças de 0 a 3 anos, buscando contemplar o patamar proposto pelo PNE de 50% de matrículas. Além de garantir 100% das matrículas das crianças de 4 e 5 anos de idade. Por outro lado, é preciso assegurar a ampliação da oferta de atendimento em tempo integral para todas as crianças de 0 a 5 anos.

Em relação à oferta de mais vagas para bebês e crianças bem pequenas em creches, a Fundação Maria Cecília Souto Vidigal, em parceria com a União Nacional dos Dirigentes Municipais de Educação (Undime), criou o Índice de Necessidade de Creches (INC).

> *O que é o INC?*
> Esse índice foi criado para estimar o número necessário de vagas em creches para atender a demanda de crianças de 0 a 3 anos, residentes em zonas urbanas, de acordo com certos critérios de prioridade.
>
> *Que critérios de priorização foram estabelecidos?*
> Os critérios se basearam em aspectos como pobreza, monoparentalidade – que são as famílias constituídas por apenas um dos pais, normalmente a mãe e a(s) criança(s) –, e a necessidade da mãe ou do cuidador principal ter acesso ao mercado de trabalho.
>
> *Por que é importante ter um INC?*
> Como já destacamos, a matrícula em creches é uma opção e não uma obrigação das famílias. Dessa maneira, para que os municípios saibam quantas matrículas devem ser asseguradas e qual deve ser a prioridade na oferta é importante conhecer quantas são e quem são as crianças e as famílias demandantes ou com potencial de requerer vagas em creches. O Índice se restringe à população urbana exatamente por ser a que apresenta maior necessidade em relação à população rural.
> Você pode ter acesso ao documento "Índice de Necessidade de Creche 2018-2020 e estimativas de frequência: insumos para a focalização de políticas públicas" e saber mais sobre este Índice acessando o link: https://radiomargarida.org.br/index.php/para-ler/66-outros-para-ler/448-inc-indice-de-necessidade-de-creche-2018-2020.

Entre 2018 e 2020, pesquisadores contratados pela FMCSV realizaram uma investigação baseada no INC para medir as taxas de frequência às creches em municípios das cinco regiões brasileiras. Os resultados da pesquisa expuseram uma triste e paradoxal realidade: as crianças mais necessitadas foram as que apresentaram o menor percentual de cobertura de atendimento. Quem eram essas crianças? Aquelas oriundas de famílias mais vulneráveis social e economicamente, que representam 17,3% das crianças de 0 a 3 anos residentes em áreas urbanas e as crianças de famílias monoparentais, que totalizam 3,5% das crianças de 0 a 3 anos de idade residentes em zona urbana. Segundo os achados da pesquisa, apenas 25% das crianças em situação de pobreza no Brasil frequentaram creches em 2020, o que equivale dizer que 75% não tiveram esse direito assegurado.

Se o acesso é condição fundamental para a garantia do direito, não podemos nos esquecer que também a permanência e a qualidade são aspectos indispensáveis para que seja assegurado o direito à educação.

Terceiro desafio: evitar a cisão entre creche e pré-escola

Com a definição da obrigatoriedade escolar a partir dos 4 anos de idade teme-se que a difícil e penosa integração entre as duas subetapas da educação infantil (creche e pré-escola) fique prejudicada ainda mais. Para a maioria dos municípios brasileiros, cujos recursos próprios são escassos, a obrigatoriedade a partir dos 4 anos de idade pode significar um desestímulo tanto à oferta de vagas em creches quanto à melhoria da qualidade daquelas existentes. Como forma de ampliar a oferta de 4 e 5 anos, os municípios têm optado pela criação de turmas em escolas de ensino fundamental, deixando as creches para o atendimento privado, por exemplo. Evitar a cisão entre creches e pré-escolas é um desafio importante para assegurar a identidade da primeira etapa da educação básica, principalmente se levarmos em conta que o currículo da educação infantil deve ser pensado como um todo, que se inicia com os bebês, desde a mais tenra idade, e se estende até o final da primeira infância. A constituição de uma pedagogia da primeira infância, que parte dos bebês e acompanha as transformações que se operam em relação ao seu desenvolvimento físico, intelectual, emocional e psíquico, ao longo dos primeiros anos de vida, é o que teremos a oportunidade de aprofundar no capítulo "Currículo na educação infantil".

Quarto desafio: enfrentar os dilemas da pandemia de covid-19

Pesquisa realizada pelo Laboratório de Pesquisa em Oportunidades Educacionais (LaPope) da Universidade Federal do Rio de Janeiro se propôs a avaliar o impacto da pandemia na educação infantil.

> Você pode conhecer mais sobre essa pesquisa acessando o link:https://www.fmcsv.org.br/pt-BR/biblioteca/impacto-aprendizadem-covid-sobral/.

Os pesquisadores escolheram crianças da rede pública do município de Sobral, no Ceará, por permitir estabelecer comparações entre os grupos de crianças que tiveram acesso a atendimentos presenciais (contexto anterior à pandemia) com grupos que vivenciaram atividades remotas (durante a pandemia). Os resultados mostram que a interrupção das atividades presenciais nas escolas e o isolamento social por conta da pandemia impactaram negativamente na aprendizagem das crianças e fizeram aumentar as desigualdades educacionais ao longo de 2020 e 2021.

Abrir as portas das escolas para acolher solidária e afetuosamente as crianças e suas famílias é condição precípua para a retomada da garantia de um direito que foi violado não apenas devido a condições sanitárias, mas pela ausência de diretrizes pedagógicas e políticas em níveis centrais de governos. Entretanto, além da abertura das escolas para crianças que voltaram espontaneamente, é preciso realizar busca ativa daquelas que não tiveram as mesmas condições para retornar às escolas. Essa ação requer planejamento e investimentos dos órgãos públicos competentes, para atuação conjunta entre os setores da educação, da assistência social e da saúde. É o que chamamos de atuação intersetorial. Igualmente importante é compreender que as consequências da pandemia da covid-19 se farão presentes durante os próximos anos. A ânsia por corrigir defasagens de aprendizagens consideradas essenciais e que afetam resultados de avaliações de larga escala podem causar grandes prejuízos às concepções inscritas em documentos oficiais, que buscam assegurar uma pedagogia capaz de respeitar tempos, ritmos e condições emocionais e cognitivas próprias da primeira infância.

Pensar na garantia do direito de todas as crianças de 4 e 5 anos e daquelas de 0 a 3 anos cujas famílias optarem por este atendimento educacional nos leva a indagar que escola devemos e queremos construir, sobretudo após uma das maiores tragédias sanitária, social, política e econômica que atingiu a humanidade nesses últimos séculos. Recriar a educação como espaço e tempo de criação, de troca, de produção e transmissão de experiências, saberes e conhecimentos deve ser nosso maior compromisso. Recriar a educação infantil na perspectiva de uma pedagogia da primeira infância, capaz de respeitar os ritmos, os desejos, as especificidades que marcam os processos de desenvolvimento de bebês, crianças bem pequenas e crianças pequenas.

Quinto desafio: construir uma relação solidária entre educação infantil e ensino fundamental

O tema da transição da educação infantil para o ensino fundamental é uma das preocupações de professoras, crianças, famílias, gestores das instituições e dos sistemas de ensino. Espera-se que essa passagem se realize de maneira tênue, contínua e sem drásticas rupturas do ponto de vista pedagógico. Melhor seria abordar a questão pelo viés da relação entre as duas etapas e menos na perspectiva da transição de uma para a outra. A relação entre as etapas pressupõe um contínuo e deve ser estabelecida pelo preceito da solidariedade entre elas e não da subordinação ou da desconsideração.

Em suma, o que pretendemos destacar é que a educação infantil não pode ignorar o fato de integrar a educação básica e, assim sendo, de possuir elementos que aproximam ambas as etapas iniciais, permitindo a continuidade entre elas. Por outro lado, é necessário também compreender que, exatamente por serem etapas distintas, possuem especificidades a serem respeitadas. Essas especificidades se apoiam nas características que marcam as infâncias em cada um dos ciclos de idade de formação. Saber quais são as aproximações e quais os distanciamentos entre ambas as etapas educativas é tarefa essencial que deve resultar em uma educação que respeite as infâncias e seus modos de construir conhecimentos e de se relacionar com o mundo.

Ainda que se reconheça a complexidade dessa tarefa, documentos legais e normativos, tais como a LDBEN e as DCNEI, regulamentações de estados e municípios, vêm estabelecendo princípios, parâmetros e orientações que nos ajudam a conceber uma organização de espaços e tempos capazes de respeitar as crianças e sua forma de aprender. No capítulo "Currículo na educação infantil", alguns desses parâmetros e princípios serão aprofundados, tais como cuidar e educar como ações indissociáveis; interações e brincadeira como eixo das propostas pedagógicas; avaliação diagnóstica e processual sem caráter classificatório; organização curricular fundamentada em direitos de aprendizagem e baseada em campos de experiência, em oposição à estrutura por disciplinas, áreas de conhecimento, habilidades ou competência. Essas formulações teórico-práticas buscam dar forma a uma pedagogia que acolha e assegure aos bebês e às demais crianças de até 6 anos de idade seu direito de aprender e de se desenvolver em espaços educacionais formais.

EM OUTRAS PALAVRAS

O marco legal mais relevante na história da educação infantil brasileira foi a Constituição Federal, promulgada em 1988, que estabeleceu o direito à educação das crianças de 0 a 6 anos e o dever do Estado, a ser efetivado por meio das políticas de educação dos municípios, em regime de colaboração com os Estados e a União. Por sua vez, a Lei de Diretrizes e Bases da Educação (LDBEN – Lei n. 9.394, de 1996) regulamentou a educação infantil, nomeando creches e pré-escolas como primeira etapa da educação básica.

Alguns fatores presentes na trajetória da educação infantil como primeira etapa da educação básica nos permitem compreender avanços obtidos, tais como:

- A aprovação de legislação educacional em âmbito nacional, comprometida com os preceitos de uma "Constituição Cidadã";
- A definição de parâmetros para a organização da educação infantil, pelos sistemas de ensino, bem como de formas de controle social sobre a oferta pública e privada;
- A adoção de uma política de financiamento que acarretou em maior aporte de recursos na educação e também na melhoria das condições para se efetivar o controle social sobre os mesmos;

- A adoção de políticas públicas comprometidas com esse arcabouço legal e normativo.

Com o que se analisou até aqui, podemos dizer que o Brasil vinha consolidando uma política de governo pautada na presença do Estado como promotor de direitos, sobretudo ao buscar disciplinar a oferta de creches e pré-escolas como direito das crianças e de suas famílias.

Nos últimos anos, entretanto, esse processo vem sendo contido devido à forte crise econômica e política. Um exemplo disso é a Emenda Constitucional n. 95/2016, que limita os investimentos públicos nas áreas sociais, sendo corrigidos apenas pela inflação nos próximos 20 anos para o pagamento da dívida pública. Em contrapartida, a meta 20 do Plano Nacional de Educação (PNE) determina a ampliação do investimento público em educação. Até o quinto ano de vigência do PNE (2019), deveríamos ter atingido, no mínimo, o patamar de 7% do Produto Interno Bruto e o equivalente a 10% do PIB até 2024, quando o PNE deverá ser refeito.

Esses são aspectos que precisam da nossa atenção e da nossa disposição de lutar para que a educação infantil se efetive como direito de todas as crianças brasileiras. Para tanto, requer a presença efetiva e consequente dos governos federal, estaduais e municipais, responsáveis pela criação e implantação de políticas públicas, e do constante controle por parte da sociedade civil.

AMPLIANDO O DEBATE

A leitura do mais importante documento normativo da educação infantil brasileira é fundamental para se compreender os contextos histórico, social, econômico, cultural e pedagógico que determinam a estrutura desta que é a primeira etapa da educação básica. Nas Diretrizes Curriculares Nacionais para a Educação Infantil, encontramos princípios, fundamentos e orientações para a constituição da identidade dessa etapa educativa. O documento é fruto de intensas discussões que envolveram diversos setores da sociedade brasileira, como profissionais que atuam nas creches e pré-escolas, gestores educacionais, pesquisadores e ativistas de movimentos sociais que lutam pelo direito das crianças a uma educação infantil de qualidade. O documento pode ser acessado no link http://portal.mec.gov.br/dmdocuments/pceb020_09.pdf.

Como apontamos neste capítulo, a matrícula em creches não é obrigatória para as famílias das crianças. Entretanto, a oferta de vagas é obrigatória para os municípios, por serem o ente federado responsável por esse atendimento. Por isso é tão importante saber quantas são as crianças nesta faixa etária cujas famílias demandam este atendimento e como está sendo ofertado pelos municípios brasileiros. No portal da Fundação Maria Cecília Souto Vidigal (FMCSV), você encontrará vídeos, textos informativos e dados sobre o atendimento à primeira infância. A FMCSV é uma entidade sem fins lucrativos, com mais de 50 anos de existência, que elegeu o tema da primeira infância como prioridade para suas ações. Ao acessar o portal, você terá informações sobre as ações prioritárias da Fundação em relação à educação infantil. São elas: qualificar a educação infantil, fortalecer o cuidado com a criança, ter sistema de avaliação e sensibilizar a sociedade.

Referências

BRASIL. Constituição da República Federativa do Brasil de 1988. Brasília, DF: Senado Federal, 2016. 496 p. Disponível em: https://www.planalto.gov.br/ccivil_03/constituicao/constituicao.htm. Acesso em: 14 dez. 2022.

BRASIL. Presidência da República. Casa Civil. Lei 8.069, de 13 de julho de 1990. Dispõe sobre o Estatuto da Criança e do Adolescente e dá outras providências. Diário Oficial da União, Brasília, 16 jul. 1990. Disponível em: https://www.planalto.gov.br/ccivil_03/leis/l8069.htm. Acesso em: 14 dez. 2022.

BRASIL. Presidência da República. Casa Civil. Lei nº. 9394/96. Estabelece as diretrizes e bases da educação nacional. Diário Oficial da União, Brasília, DF, 23 dez. 1996. Disponível em: https://www.planalto.gov.br/ccivil_03/leis/l9394.htm. Acesso em: 14 dez. 2022.

BRASIL. Presidência da República. Casa Civil. Lei nº. 12.796 de 4 de abril de 2013. Altera a Lei nº 9.394, de 20 de dezembro de 1996, que estabelece as diretrizes e bases da educação nacional, para dispor sobre a formação dos profissionais da educação e dar outras providências. Diário Oficial da União, 4 abr. 2013. Disponível em: http://www.planalto.gov.br/ccivil_03/_ato2011-2014/2013/lei/l12796.htm#:~:text=LEI%20N%C2%BA%2012.796%2C%20DE%204%20DE%20ABRIL%20DE%202013.&text=Altera%20a%20Lei%20n%C2%BA%209.394,educa%C3%A7%C3%A3o%20e%20dar%20outras%20provid%C3%AAncias. Acesso em: 14 dez. 2022.

BRASIL. Presidência da República. Casa Civil. Lei n. 11.274 de 6 fev. 2006. Altera a redação dos arts. 29, 30, 32 e 87 da Lei nº 9.394, de 20 de dezembro de 1996, que estabelece as diretrizes e bases da educação nacional, dispondo sobre a duração de 9 (nove) anos para o ensino fundamental, com matrícula obrigatória a partir dos 6 (seis) anos de idade. Diário Oficial da União, 7 fev. 2006. Disponível em: https://www.planalto.gov.br/ccivil_03/_ato2004-2006/2006/lei/l11274.htm. Acesso em: 14 dez. 2022.

BRASIL. Presidência da República. Casa Civil. Lei nº 11.494 de 20/06/2007c Regulamenta o Fundo de Manutenção e Desenvolvimento da Educação Básica e de Valorização dos Profissionais da Educação - Fundeb, de que trata o art. 60 do Ato das Disposições Constitucionais Transitórias; altera a Lei n º 10.195, de 14 de fevereiro de 2001; revoga dispositivos das Leis n ºs 9.424, de 24 de dezembro de 1996, 10.880, de 9 de junho de 2004, e 10.845, de 5 de março de 2004; e dá outras providências. Disponível em: http://www.planalto.gov.br/ccivil_03/_ato2007-2010/2007/lei/l11494.htm. Acesso em: 14 dez. 2022.

BRASIL. Presidência da República. Casa Civil. Lei nº 13.005, de 25 de junho de 2014. Aprova o Plano Nacional de Educação – PNE e dá outras providências. Diário Oficial da União, Brasília, DF, 26 jun. 2014. Disponível em: http://www.planalto.gov.br/ccivil_03/_ato2011-2014/2014/lei/l13005.htm. Acesso em: 14 dez. 2022.

BRASIL. Presidência da República. Casa Civil. 13.257, de 8 de março de 2016. Dispõe sobre as políticas públicas para a primeira infância e altera a Lei nº 8.069, de 13 de julho de 1990 (Estatuto da Criança e do Adolescente), o Decreto-Lei nº 3.689, de 3 de outubro de 1941 (Código de Processo Penal), a Consolidação das Leis do Trabalho (CLT), aprovada pelo Decreto-Lei nº 5.452, de 1º de maio de 1943, a Lei nº 11.770, de 9 de setembro de 2008, e a Lei nº 12.662, de 5 de junho de 2012. Diário Oficial da União, Brasília, DF, 09 mar. 2016. Disponível em: http://www.planalto.gov.br/ccivil_03/_ato2015-2018/2016/lei/l13257.htm. Acesso em: 14 dez. 2022.

BRASIL. Presidência da República. Casa Civil. Lei nº 11.738, de 16 de julho de 2008. Regulamenta a alínea "e" do inciso III do caput do art. 60 do Ato das Disposições Constitucionais Transitórias, para instituir o piso salarial profissional nacional para os profissionais do magistério público da educação básica. Diário Oficial da União, Brasília, DF, 17 jul. 2008. Disponível em: https://www.planalto.gov.br/ccivil_03/_ato2007-2010/2008/lei/l11738.htm Acesso em: 14 dez. 2022.

BRASIL. Presidência da República. Casa Civil. Lei nº 14.113 de 25 dez. 2020 – Regulamenta o Fundo de Manutenção e Desenvolvimento da Educação Básica e de Valorização dos Profissionais da Educação (Fundeb), de que trata o art. 212-A da Constituição Federal; revoga dispositivos da Lei nº 11.494, de 20 de junho de 2007; e dá outras providências. Diário Oficial da União, Brasília, DF, 25 dez. 2020. Disponível em: https://www.planalto.gov.br/ccivil_03/_ato2019-2022/2020/lei/l14113.htm Acesso em: 14 dez. 2022.

BRASIL. Presidência da República. Casa Civil. Emenda Constitucional n. 59, 11 nov. 2009. Acrescenta § 3º ao art. 76 do Ato das Disposições Constitucionais Transitórias para reduzir, anualmente, a partir do exercício de 2009, o percentual da Desvinculação das Receitas da União incidente sobre os recursos destinados à manutenção e desenvolvimento do ensino de que trata o art. 212 da Constituição Federal, dá nova redação aos incisos I e VII do art. 208, de forma a prever a obrigatoriedade do ensino de quatro a dezessete anos e ampliar a abrangência dos programas suplementares para todas as etapas da educação básica, e dá nova redação ao § 4º do art. 211 e ao § 3º do art. 212 e ao *caput* do art. 214, com a inserção neste dispositivo de inciso VI. Diário Oficial da União, 12 de novembro de 2009. Disponível em: http://www.planalto.gov.br/ccivil_03/constituicao/emendas/emc/emc59.htm. Acesso em: 14 dez. 2022.

BRASIL. Presidência da República. Casa Civil. Emenda Constitucional n. 108 de 26 de agosto de 2020. Altera a Constituição Federal para estabelecer critérios de distribuição da cota municipal do Imposto sobre Operações Relativas à Circulação de Mercadorias e sobre Prestações de Serviços de Transporte Interestadual e Intermunicipal e de Comunicação (ICMS), para disciplinar a disponibilização de dados contábeis pelos entes federados, para tratar do planejamento na ordem social e para dispor sobre o Fundo de Manutenção e Desenvolvimento da Educação Básica e de Valorização dos Profissionais da Educação (Fundeb); altera o Ato das Disposições Constitucionais Transitórias; e dá outras providências. Diário Oficial da União, 27 de agosto de 2020. Disponível em: https://www.planalto.gov.br/ccivil_03/constituicao/emendas/emc/emc108.htm. Acesso em: 14 dez. 2022.

BRASIL. Presidência da República. Casa Civil. Emenda Constitucional n. 95 de 15 de dezembro de 2016. Altera o Ato das Disposições Constitucionais Transitórias, para instituir o Novo Regime Fiscal, e dá outras providências. Diário Oficial da União, 15 de dezembro de 2016. Disponível em https://www.planalto.gov.br/ccivil_03/constituicao/emendas/emc/emc95.htm. Acesso em: 14 dez. 2022.

BRASIL. Supremo Tribunal Federal. Recurso Extraordinário 1008166. Recurso interposto pelo município de Criciúma/SC, o qual discute o dever estatal de assegurar o atendimento em creche e pré-escola às crianças até cinco anos de idade. Relator: Min. Luiz Fux. Brasília, 9 de nov. 2022. Disponível em: http://www.stf.jus.br/portal/autenticacao/autenticarDocumento.asp sob o código EE3A-8DCA-2719-19FD e senha A6CB-2306-462F-338F. Acesso em: 14 dez. 2022.

BRASIL. Ministério da Educação. Conselho Nacional de Educação. Câmara de Educação Básica. Fixa as Diretrizes Curriculares Nacionais para a Educação Infantil. Parecer CNE/CEB 20/2009. Diário Oficial da União, Brasília, 09 dez. 2009, Seção 1, p. 14. Disponível em: http://portal.mec.gov.br/dmdocuments/pceb020_09.pdf. Acesso em: 14 dez. 2022.

BRASIL. Ministério da Educação. Conselho Nacional de Educação. Câmara de Educação Básica. Resolução n. 2, de 28 de maio de 2009 - Fixa as Diretrizes Nacionais para os Planos de Carreira e Remuneração dos Profissionais do Magistério da Educação Básica Pública, em conformidade com o art. 6º da Lei nº 11.738, de 16 de julho de 2008, e com base nos arts. 206º e 211º da Constituição Federal, nos arts. 8º, § 1º, e 67º da Lei n. 9.394, de 20 de dezembro de 1996, e no art. 40º da Lei n. 11.494, de 20 de junho de 2007.

FUNDAÇÃO MARIA CECÍLIA SOUTO VIDIGAL. Página inicial. Disponível em:https://www.fmcsv.org.br/pt-BR/a-primeira-infancia/. Acesso em: 15 dez. 2022.

A oferta da educação infantil no Brasil: acesso e qualidade

Nos últimos 30 anos, a educação infantil vem se consolidando como um subsetor das políticas educacionais. Creches e pré-escolas foram conceituadas como direito das famílias e das crianças à educação desde 1988. Com a Lei de Diretrizes e Bases da Educação Nacional, de 1996, tornam-se a primeira etapa da educação básica, sendo integradas aos sistemas de ensino desde 1999. O artigo 89 indicava que "as creches e pré-escolas existentes ou que venham a ser criadas deverão, no prazo de três anos, a contar da publicação desta Lei, integrar-se ao respectivo sistema de ensino".

No capítulo anterior foram mostrados e analisados os principais marcos legais da organização da educação infantil brasileira. Neste capítulo vamos nos orientar pela seguinte questão: como o direito à educação infantil está sendo efetivado em nosso país, por meio de quais políticas e programas? Quais são os desafios para a garantia desse direito que a análise das estatísticas sociais e educacionais nos indicam?

Para que possamos responder a essas questões precisamos levar em conta o contexto social em que a educação acontece e nos orientar por três critérios para diagnosticar as políticas públicas concernentes:

1. a **democratização do acesso**, enquanto condição de realização do direito à educação para todos e todas;
2. a **qualidade do atendimento**, que implica existência de projeto pedagógico alinhado com as Diretrizes Curriculares Nacionais da Educação Infantil (DCNEI); e com as condições de trabalho e valorização das profissionais; com a disponibilidade de infraestrutura, materiais e equipamentos diversificados, como condição de permanência e bem-estar de estudantes e profissionais;
3. a **gestão democrática**, princípio constitucional e condição de participação das profissionais, famílias e estudantes na proposição de políticas públicas, em seu acompanhamento e sua avaliação.

Vamos iniciar com a apresentação das matrículas, mostrando quantas crianças são atendidas de acordo com as idades e as esferas de governo responsáveis. Em seguida vamos verificar em quais condições essas crianças são atendidas em termos de infraestrutura das unidades educacionais, sejam públicas ou privadas, de formação das profissionais envolvidas e de formas de gestão. Para analisar o acesso e a qualidade vamos recorrer aos dados sobre as condições de vida das crianças de 0 a 6 anos de idade.

Os dados estatísticos utilizados foram organizados a partir de duas fontes: (a) o Instituto Nacional de Estudos e Pesquisas Educacionais Anísio Teixeira (Inep), órgão vinculado ao Ministério da Educação (MEC) responsável pela produção de estatísticas, de avaliações e de estudos educacionais; (b) Instituto Brasileiro de Geografia e Estatística (IBGE), órgão responsável pela realização dos censos populacionais e por diferentes pesquisas sobre as condições de vida da população, a economia e o emprego, entre outros temas. O primeiro órgão coleta dados sobre as matrículas, os docentes, os estabelecimentos e as turmas por meio da realização de um censo escolar realizado todos os anos, permitindo-nos conhecer alguns aspectos das condições da oferta educacional. Esses dados são disponibilizados diretamente pelos estabelecimentos de ensino públicos e privados, inclusive conveniados, que respondem aos questionários. O IBGE busca informações sobre a frequência a estabelecimentos de ensino diretamente dos usuários, pois a coleta das informações acontece junto aos domicílios. A frequência dos usuários à creche/escola é informada independentemente de o estabelecimento ser cadastrado no sistema de ensino. Mesmo com a inclusão das creches no censo escolar, é possível que ainda exista sub-registro do atendimento, na medida em que nem todos os estabelecimentos – e, em geral, os privados – informam seus dados ao censo escolar anual.

As desigualdades na educação ficam evidenciadas quando cotejamos os dados dos censos escolares com as informações geradas pelo censo populacional. O censo populacional é executado a cada 10 anos pelo IBGE, que também é responsável pelas Pesquisas Nacionais de Amostra de Domicílios (PNAD), pesquisas amostrais realizadas de forma contínua que abarcam uma parte representativa da população brasileira que vive nas regiões metropolitanas. O Brasil contabiliza 68 regiões metropolitanas, sendo as mais destacadas: São Paulo, Rio de Janeiro, Belo Horizonte, Porto Alegre, Brasília, Fortaleza, Salvador, Recife, Curitiba, Campinas, Manaus, Vale do Paraíba, Goiânia, Belém, Vitória, São Luís e Natal. Essas regiões se caracterizam por terem elevada densidade populacional e forte urbanização.

Com as pesquisas e os estudos do IBGE, podemos averiguar o acesso à educação infantil segundo variáveis que são marcadores sociais, como gênero, raça/etnia, renda, idade e localização urbana/rural ou regional.

MATRÍCULAS NA EDUCAÇÃO INFANTIL

A educação infantil é a etapa de ensino que mais cresceu em número de matrículas e de unidades educacionais desde o início do século XXI. As creches, principalmente, sobressaem no conjunto da educação básica brasileira.

Na Tabela 1, a seguir, podemos conhecer a evolução das matrículas na educação básica desde 2007, na qual se evidencia que a educação infantil foi a etapa que mais cresceu, sendo observada uma diminuição no ensino fundamental e médio. A diminuição das matrículas em todas as etapas, exceto no ensino médio, verificada em 2021, pode ser creditada à pandemia de covid-19. De acordo com dados do Censo Escolar 2021, essa situação se deve ao recuo do setor privado, pois foi verificado aumento do número de estabelecimentos municipais, tanto creches como pré-escolas, o que não chegou a cobrir a retração do setor privado. Para acompanhar a evolução das matrículas e de unidades escolares consulte a cada ano a página do Inep em https://www.gov.br/inep/pt-br/areas-de-atuacao/pesquisas-estatisticas-e-indicadores/censo-escolar/resultados.

Tabela 1 – Matrículas na educação básica no período de 2007 a 2021 – Brasil

Etapas e subetapas	Ano					
	2007	2010	2013	2016	2019	2021
Creche	1.579.581	2.074.579	2.737.245	3.238.894	3.755.092	3.417.210
Pré-escola	4.930.287	4.717.516	4.870.332	5.040.210	5.217.686	4.902.189
Ens. fundamental	32.122.273	31.148.207	29.187.602	27.691.478	26.718.830	26.515.601
Ens. médio	8.369.369	8.358.647	8.314.048	8.133.040	7.550.753	7.770.557

Fonte: MEC/Inep. Sinopses estatísticas dos Censos Escolares de 2007, 2010, 2013, 2016, 2019 e 2021.

O crescimento das matrículas pode ser explicado pelo engajamento dos municípios na oferta de creches e pré-escolas aliado à demanda crescente por parte das famílias. Como é atribuição dos municípios, essa oferta apresenta situações diversas, em razão de vários fatores: o tamanho dos municípios, a sua capacidade financeira e administrativa, a localização geográfica, a sua condição econômica e social. Em um país que possui um Distrito Federal (Brasília) e 5.570 municípios, distribuídos em 26 estados, tais fatores nos ajudam a compreender por que existem padrões diversificados de oferta educacional e desigualdades em relação ao acesso e à qualidade.

É assim que, mesmo com o crescimento das matrículas, ainda temos muitas desigualdades no acesso e na qualidade da educação ofertada aos bebês e crianças pequenas nas creches e pré-escolas, dependendo da região, da renda familiar e da raça/cor dessas crianças.

A expansão da educação infantil no país começou a ser verificada de forma mais sistemática a partir dos primeiros estudos sobre a evolução da educação pré-escolar no período de 1968 a 1986. O pesquisador e professor Alceu Ferrari escreveu que, em 1970, de um total de quase 19,5 milhões de crianças de 0 a 6 anos, somente 346.656 estavam matriculadas nas pré-escolas, resultando em taxa de escolarização de apenas 1,8%. E se fôssemos considerar a faixa de idade de 2 a 6 anos, o índice seria ainda muito baixo, de apenas 2,5%.

O mesmo pesquisador mostrou que 16 anos depois, em 1986, alcançamos 2.699.287 crianças atendidas na faixa etária de 0 a 6 anos, perfazendo uma taxa de escolaridade de 14,4%. Considerando as idades de 4 e 5 anos, as taxas eram mais que o dobro, perfazendo 35,4% e 39,4%, respectivamente. Nesse período, as estatísticas ainda estavam sendo aperfeiçoadas, e somente a partir de 1997 é que foram divulgadas as primeiras informações oficiais sobre as creches. Além disso, não constavam de legislação nem de nenhum plano oficial de governos as metas de atendimento a serem alcançadas em períodos de tempo determinados.

> A taxa de escolarização ou de escolaridade é a porcentagem do atendimento em relação ao total de crianças na idade a ser atendida. Para as creches, é a relação entre total de crianças de 0 a 3 anos e as matrículas; para as pré-escolas, é o número de crianças nas idades de 4 e 5 anos *versus* as matrículas nessas idades.

Na Tabela 2, a seguir, apresentamos uma série histórica das matrículas na pré-escola, evidenciando a crescente participação dos municípios, que atingiu mais que 80% do total das matrículas em 2021, indicando maior aproximação com os esforços para a universalização da pré-escola, em conformidade com a alteração na Constituição Federal feita pela Emenda Constitucional n. 59, de 2009, quando a frequência na pré-escola passou a ser obrigatória. Também é observada a diminuição da oferta privada, que pode ter sido impactada pelas medidas de isolamento social ocorridas nos anos de 2020 e 2021 em razão da pandemia da covid-19, como já foi referido.

As matrículas para população rural se mantêm praticamente estáveis desde 2001, em torno de 13% do total.

Tabela 2 – Evolução da matrícula da pré-escola, segundo localização (rural) e dependência administrativa, Brasil – 1970, 1980, 1987, 2000, 2019 e 2021

Anos	Brasil	Crescimento	Federal (%)	Estadual (%)	Municipal (%)	Privada (%)	Rural (%)
1970	374.267	0	0,40	45,1	13,6	40,8	2,4
1980	1.335.317	(+) 961.050	0,06	24,5	28,6	46,2	2,6
1987	3.296.010	(+) 1.960.693	0,90	26,0	39,2	34,0	(...)
2000	4.421.332	(+) 186.054	0,03	7,6	67,7	24,6	12,9
2019	5.217.686	(+) 796.354	0,03	1,1	77,8	23,1	13,2
2021	4.902.189	(-) 315.497	0,03	1,1	80,6	18,3	13,6

Fonte: MEC/SEEC, para os anos de 1970 a 1987; MEC/Inep, Sinopses Estatísticas do Censo Escolar, para os anos de 2000 a 2021.

O crescimento da pré-escola ocorrido de 1980 a 1987, analisado por estudos empreendidos por pesquisadores como Alceu Ferrari, Fúlvia Rosemberg e Sônia Kramer, foi considerado espetacular. Esse crescimento foi creditado aos programas compensatórios desenvolvidos pelo Ministério da Educação no período, principalmente com o Programa Nacional de Educação Pré-Escolar, criado em 1981, executado pelo Mobral (Movimento Brasileiro de Alfabetização), pelos municípios e por entidades sociais.

Mesmo não tendo ainda universalizado o acesso obrigatório às pré-escolas, e com apenas um terço das crianças de 0 a 3 anos tendo a oportunidade de frequentar uma creche, observamos que o Brasil mais que triplicou o seu número de matrículas em creches e ampliou em 23% as matrículas de pré-escola entre os anos de 1999 e 2019. Para atender a esse novo contingente de crianças que passaram a fazer parte do sistema educacional, houve o incremento de quase 53 mil escolas e a contratação de 264 mil novos docentes para atuar em creches. Foram também necessárias 21 mil novas escolas e 113 mil docentes para atender à pré-escola, conforme podemos visualizar na Tabela 3:

Tabela 3 – Variação do número de matrículas, escolas e docentes do ensino regular em creche e pré-escola entre os anos de 1999 e 2019

		1999	2019	Diferença	Variação
Matrículas	Creche	831.978	3.755.092	+2.923.114	351%
	Pré-escola	4.235.278	5.217.686	+982.408	23%
Escolas	Creche	18.603	71.403	+52.800	284%
	Pré-escola	80.878	102.335	+21.457	27%
Docentes	Creche	48.284	312.615	+264.331	547%
	Pré-escola	214.123	327.699	+113.576	53%

Fonte: Vieira e Falciano (2020), a partir das Sinopses da Educação Básica do Inep, 1999 e 2019.

Esses números impressionam, principalmente no atendimento às crianças de 0 a 3 anos de idade. É como se o Brasil – diariamente ao longo de 20 anos – tivesse aumentado, em média, 400 matrículas, tivesse aberto 7 escolas e contratado 36 docentes só para creches. Em 2019, a educação infantil representava 19% das matrículas, estava presente em 64% das escolas e concentrava 27% de todos os docentes que atuavam na educação básica. No entanto, persiste o desafio de universalizar a pré-escola e aumentar o acesso às creches para as crianças na faixa de idade de 0 a 3 anos.

Outro desafio que devemos considerar é o aumento da *participação da oferta pública* na educação infantil: na creche temos 1 a cada 3 matrículas sendo atendida por uma escola privada e na pré-escola 1 a cada 4 no ano de 2021. Nas demais etapas, essa proporção vai decrescendo, chegando a praticamente 1 a cada 10 no ensino médio.

Sobre a *distribuição das matrículas por região geográfica*, verificamos que estão concentradas no Sudeste e no Nordeste. Observe-se que na região Nordeste concentra-se de forma relevante a oferta de educação infantil rural no Brasil, com 61,7% das matrículas, situação que se mantém desde a década de 1990. Por outro lado, mais de 50% da oferta da educação infantil privada está na região Sudeste.

A distribuição regional pode ser analisada com os dados apresentados na Tabela 4, a seguir.

Tabela 4 – Matrículas na educação infantil, em creches e pré-escolas, ressaltando as variáveis de localização (rural) e dependência administrativa (privada), segundo grandes regiões, Brasil – 2021

	Matrículas na educação infantil					
	Brasil	Grandes regiões (em %)				
		Norte	Nordeste	Sudeste	Sul	C. Oeste
Creche	3.417.210	5,3	24,2	47,6	16,2	6,7
Pré-Escola	4.902.189	9,9	20,0	40,0	14,4	7,9
Total	8.319.399	8,0	26,3	43,1	15,2	7,4
Rural	954.769	17,3	61,7	11,5	6,6	2,9
Privada	1.915.533	3,3	21,1	54,3	14,3	7,0

Fonte: Brasil, Inep, Sinopse do Censo Escolar, 2021.

Constatamos, em 2021, um aumento da oferta de *educação especial em classes comuns* da educação básica em comparação com o ano de 2004, quando alcançaram o percentual de apenas 34,5% do total das matrículas nessa modalidade. Em 2021, perfizeram 88,4%, de um total de 1.350.921 matrículas nessa modalidade, em contraposição a 11,6% de matrículas em classes exclusivas. Em 2004, as classes exclusivas concentravam 65,5% das matrículas na educação especial no cômputo geral da educação básica.

Na educação infantil, as matrículas em classes comuns alcançaram percentual de 93,1%, de um total de 114.758 matrículas na modalidade educação especial em 2021. Esse dado nos mostra uma perspectiva de avanço na inclusão de crianças com deficiência – embora muitos estudos sinalizem a necessidade de melhoria tanto da infraestrutura das creches e pré-escolas onde se inclui o Atendimento Educacional Especializado (AEE) quanto da qualificação profissional e apoio para um atendimento de qualidade nessa modalidade. O maior percentual de matrículas em classes comuns está nas creches/pré-escolas municipais, sendo muito menor nas privadas.

Outras características da oferta que podem ser analisadas dizem respeito ao *tempo de permanência* das crianças nas instituições. As creches, historicamente, atendem crianças combinando oferta de tempo integral e parcial, com prevalência do tempo integral. São, com efeito, os estabelecimentos onde as crianças, e os estudantes da educação básica de forma geral, permanecem o maior número de horas por dia: em média 7,8 horas/dia. Nas pré-escolas, o tempo de permanência é quase metade: 4,4 horas/dia em média. Temos, portanto, que quanto mais jovem é o estudante, maior é o tempo de permanência no estabelecimento educacional. Em 2021, 59,1% das matrículas em creches foram de tempo integral; muito diferente da pré-escola, onde apenas 11% das matrículas foram computadas nessa situação.

Além de público ou privado, dos cortes etários e dos tempos de permanência das crianças nas instituições (tempo integral ou parcial), o atendimento apresenta padrões diferenciados em creches e pré-escolas no que concerne à formação docente, à gestão das instituições, à infraestrutura física e ao acesso aos materiais pedagógicos e propostas pedagógicas. Além disso, o acesso é desigual.

ACESSO E QUALIDADE

Adotamos o entendimento de que a qualidade é uma dimensão fundamental do direito à educação. Não existe direito à educação que não seja direito a uma educação de qualidade. O direito pode ser avaliado segundo três critérios: disponibilidade, acessibilidade e qualidade. A disponibilidade significa a existência dos recursos materiais, técnicos e pessoais considerados necessários. A acessibilidade implica não discriminação, não dificuldade de acesso físico e econômico, bem como o acesso à informação pertinente. A qualidade consiste na eleição de padrões socialmente definidos e na competência profissional.

A disponibilidade e a acessibilidade também podem ser entendidas como dimensões da qualidade das políticas públicas que organizam e implementam a oferta de educação escolar. Garantir acesso democrático e equitativo à educação implica considerar os aspectos externos à instituição educacional. Esses dizem respeito, entre outros elementos, à localização (urbana/rural, centro/periferia) e à proximidade em relação ao local de moradia ou de trabalho dos responsáveis. O acesso deve ser equitativo no sentido de garantir condições específicas para que os desiguais possam ter acesso a condições que os permitam enfrentar os elementos impeditivos da frequência à escola ou creche. Propicia-se, assim, que as crianças negras ou brancas, indígenas ou quilombolas, da cidade ou do campo, meninos ou meninas, com maior ou menor renda, possam frequentar creches e pré-escolas com quantidade e em qualidade suficiente para atender ao imperativo da universalização e da demanda social.

Renda familiar, gênero e raça/cor

Segundo os dados da PNAD contínua/IBGE de 2018, estima-se uma população de 15 milhões e 486 mil crianças de 0 a 5 anos de idade: 10 milhões e 223 mil de 0 a 3 anos e 5 milhões e 263 mil de 4 e 5 anos. É o segmento populacional que apresenta maior percentual de pobreza e extrema pobreza, associado aos piores indicadores sociais.

Famílias com crianças de 0 a 6 anos ocupam sempre posição desfavorável em relação a outras famílias, devido a seu ciclo de vida. Em geral, as famílias com filhos pequenos são mais jovens e tendem a estar no início da carreira profissional; a insuficiência de creches e pré-escolas e a reduzida jornada escolar dificulta o trabalho das mães que têm filhos pequenos, sobretudo as que são mães solo e são mulheres negras.

O arranjo domiciliar formado por mulheres pretas ou pardas responsáveis, sem cônjuge e com presença de filhos menores de 14 anos concentrou a maior incidência de pobreza no Brasil, de acordo com dados da PNAD contínua de 2021. De fato, a pobreza é maior entre as crianças, tendência que é observada internacionalmente. Entre aquelas com até 14 anos de idade, 13,4% eram extremamente pobres e 46,2% eram pobres, proporção muito superior ao verificado para a população com mais de 60 anos de idade.

As crianças constituem o grupo etário com maior demanda de programas de assistência social. Os dados da pesquisa "Pobreza Infantil no Brasil: 2012-2021", realizada por pesquisadores da PUC-RS, mostraram que o número de crianças de até 6 anos em situação de pobreza passou de 6,4 milhões para 7,8 milhões nesse período de 10 anos. E nos últimos 4 anos, a pobreza infantil bateu recorde durante a gestão do presidente Bolsonaro. Crianças de até 6 anos que viviam em domicílios abaixo da linha da pobreza, averiguada conforme a renda familiar *per capita,* chegaram a 44,7% em 2021 (Salata et al., 2022).

Mas a pobreza na infância e na adolescência tem múltiplas dimensões, que vão além da renda. O resultado da inter-relação entre privações, exclusões e as diferentes vulnerabilidades a que meninas e meninos estão expostos geram efeitos diversos sobre o seu bem-estar.

Educação, saúde, segurança alimentar, informação, proteção contra o trabalho infantil, moradia, água e saneamento são dimensões a serem averiguadas nas análises sobre a situação da infância. O não acesso a um ou mais desses direitos coloca crianças em situação de vulnerabilidade, podendo comprometer sua saúde e seu crescimento, o usufruto de bens culturais, o seu bem-estar no presente e no futuro.

O Observatório do Marco Legal da Primeira Infância – veja-se https://rnpiobserva.org.br/ – também nos auxilia na compreensão da realidade das nossas crianças: 47,6% das crianças de 0 a 5 anos, em 2019, viviam em situação de pobreza, isto é, com renda domiciliar mensal *per capita* de até meio salário-mínimo, e 21,9% delas viviam em famílias cuja renda domiciliar *per capita* era de até um quarto do salário-mínimo, o que configura extrema pobreza. O valor do salário-mínimo em 2019 foi de R$ 998,00.

Há uma correlação entre pobreza infantil e escolaridade dos chefes das famílias. Domicílios cujos chefes apresentam baixa escolaridade tendem a ter situações de maior vulnerabilidade, que impactam a vida das crianças pequenas.

Em relação ao acesso à educação, apuramos junto ao Observatório do Marco Legal da Primeira Infância que, no Brasil, 37% das crianças de 0 a 3 anos frequentavam centros de educação infantil em 2019.

O acesso às creches é extremamente desigual do ponto de vista regional. Em 2019, 43% das crianças de 0 a 3 anos da região Sul frequentavam centros de educação infantil. Na região Norte esse índice era de apenas 18%, 25 pontos percentuais a menos. As regiões Centro-Oeste e Nordeste também apresentaram taxas abaixo da média nacional, 28% e 31% respectivamente. Em relação à pré-escola, no ano de 2019, 93% das crianças de 4 e 5 anos frequentavam centros de educação infantil, sendo que no Norte e Centro-Oeste, esse percentual foi menor, alcançando apenas 87%, o menor índice nacional.

O acesso é diferenciado também em relação à raça/cor. Crianças brancas possuem maior acesso às creches (39%), enquanto as negras compõem 32%. Na pré-escola a diferença persiste, mesmo que menor: 94% das crianças brancas tem o direito à pré-escola garantido, comparado com 92% das crianças negras.

Existe uma correlação entre a renda das famílias e a oferta de vagas em creches no Brasil. Segundo dados da PNAD/2019, divulgados pelo IBGE, enquanto 53% das crianças de até 3 anos de idade da faixa de renda dos 25% mais ricos frequentam centros de educação infantil, no quartil mais baixo, dos 25% mais pobres, apenas 26% das crianças de 0 a 3 anos frequentam essa subetapa de ensino. Marca-se, portanto, uma diferença de 27 pontos percentuais no acesso às creches entre os 25% de maior renda e os 25% de menor renda do país.

A realidade da *educação infantil para a população de crianças residentes em áreas rurais* tem se caracterizado, de acordo com as pesquisadoras Rosemberg e Artes, principalmente pela precariedade, insuficiência e discriminação. Essa situação se mostra um dos principais desafios para a democratização do acesso à educação das crianças do campo, segundo estudos e pesquisas que vêm sendo desenvolvidos sobretudo a partir de 2010. Um estudo referência foi produzido por proposição da Coordenação Geral de Educação Infantil (Coedi/MEC) com o envolvimento de universidades federais, resultando no livro *Oferta e demanda de educação infantil no campo*, publicado em 2012, e em relatórios que podem ser acessados em http://portal.mec.gov.br/secretaria-de-educacao-continuada-alfabetizacao-diversidade-e-inclusao/programas-e-acoes?id=16219.

Segundo dados divulgados pelo Relatório do 4º Ciclo de Monitoramento das Metas do Plano Nacional de Educação (2022), as desigualdades de acesso se manifestam de forma dramática, especialmente em relação às creches. Em 2019, apenas 20,4% das crianças residentes em áreas rurais podiam frequentar creches, sendo que o atendimento urbano alcançava 40,0% crianças de 0 a 3 anos de idade. Veja-se em https://www.gov.br/inep/pt-br/areas-de-atuacao/gestao-do-conhecimento-e-estudos-educacionais/estudos-educacionais/relatorios-de-monitoramento-do-pne.

Em relação à *segurança alimentar*, no período de 2018 e 2021, de acordo com dados apresentados na "Síntese de Indicadores Sociais – 2022", do IBGE, a desnutrição foi mais severa no grupo de idade de 0 a 4 anos; entre esses, os meninos pretos e pardos apresentaram níveis mais elevados em relação aos demais grupos.

Tais indicadores respaldam argumentos em favor de maiores investimentos em políticas voltadas para as crianças pequenas e suas famílias, incluindo-se as de educação e cuidado, que também permitiriam melhores oportunidades de inserção no mundo do trabalho e dos estudos dos responsáveis pelos domicílios.

> Tanto o rendimento domiciliar *per capita* de meio salário-mínimo quanto de um quarto do salário-mínimo são medidas definidas como referências para a implementação de políticas públicas no Brasil. O rendimento domiciliar *per capita* de até meio salário-mínimo delimita o público prioritário do Cadastro Único para Programas Sociais do Governo Federal (CadÚnico), um registro administrativo que serve de base para a concessão de uma série de benefícios assistenciais, entre eles o Programa Bolsa Família (PBF). Já o rendimento de até um quarto de salário-mínimo *per capita* é o limite para acesso ao Benefício de Prestação Continuada (BPC), direito assistencial constitucionalmente assegurado a idosos e pessoas com deficiência, incluindo crianças.
>
> Fonte: IBGE, Coordenação de População e Indicadores Sociais. Síntese de indicadores sociais: uma análise das condições de vida da população brasileira: 2020. Rio de Janeiro, 2020.

Mesmo tendo havido melhoria nos indicadores sobre qualidade de vida da população, e das crianças em particular, desde o início do século XXI, persistem diferenciais conforme a região, área rural ou urbana, segmento racial, nível de renda da família, escolaridade da mãe e chefia de domicílio. Além disso, não tem havido redução da desigualdade.

Além disso, mesmo com os avanços na proclamação dos direitos das crianças no âmbito internacional e nacional – veja-se a Conferência Internacional dos Direitos da Criança (1989), o Estatuto da Criança e do Adolescente (1990) e o Marco Legal da Primeira Infância (2016) –, as crianças persistem sendo o segmento social que mais sofre com as desigualdades e as situações de risco, como calamidades climáticas, guerras e doenças por exemplo.

Infraestrutura física e materiais pedagógicos

Quanto à infraestrutura, os dados do Censo Escolar de 2021 nos mostram uma realidade muito desigual se comparamos a situação das unidades de educação infantil públicas com as privadas.

> No Resumo Técnico do Censo Escolar da Educação Básica (2021), divulgado pelo Inep, é possível saber que:
>
>> Na educação infantil, a infraestrutura tecnológica é abrangente na rede privada de ensino. A internet está presente em 97,8% das escolas particulares, enquanto na rede municipal o percentual é de 71,5%. A presença de internet banda larga é de 85,5% na rede privada e de 57,3% nas escolas municipais. A internet para uso administrativo está disponível em 95,0% da rede particular, enquanto na rede municipal o percentual é de 68,3%. Em relação à infraestrutura, 43,7% das escolas municipais de educação infantil têm banheiro adequado a essa etapa, enquanto nas escolas particulares esse percentual chega a 85,0%. Quanto à existência de materiais socioculturais ou pedagógicos em uso na escola para o desenvolvimento de atividades de ensino, verifica-se um elevado percentual na rede privada de brinquedos para educação infantil, de jogos educativos e de materiais para atividades culturais e artísticas, com 91,8%, 89,5% e 62,6%, respectivamente. Já na rede municipal, esses percentuais são menores, com 61,1%, 78,3% e 29,1%. A rede privada também se mostra superior à rede municipal quando se avalia a existência de parque infantil ou mesmo de pátio nas escolas com oferta dessa etapa.
>
> Fonte: BRASIL. Instituto Nacional de Estudos e Pesquisas Educacionais Anísio Teixeira (Inep). Resumo Técnico: Censo Escolar da Educação Básica 2021. Brasília, DF: Inep, 2021. Disponível em: https://download.inep.gov.br/publicacoes/institucionais/estatisticas_e_indicadores/resumo_tecnico_censo_escolar_2021.pdf. Acesso em: 13 jan. 2023.

É preocupante saber que 65% das instituições de educação infantil municipais não possuem parque infantil, sendo que 31% informam não dispor de pátio (nem coberto nem descoberto) para desenvolvimento de atividades com as crianças. Quase 60% dessas instituições municipais ou privadas não dispõem de área verde.

O percentual de escolas/creches que declararam possuir algum dos recursos de acessibilidade para pessoas com deficiência ou mobilidade reduzida nas vias de circulação internas (corrimão, elevador, pisos táteis, vão livre, rampas, salas acessíveis, sinalização sonora, tátil ou visual) atingiu 56% das municipais e 72% das privadas. Devemos recordar que as privadas são responsáveis por apenas 6,5% das matrículas em classes comuns de educação especial, sendo 93,5% dessas matrículas presentes nas redes públicas federal, estadual e municipal.

A infraestrutura, incluindo a construção/o prédio, equipamentos/mobiliário e materiais (livros, brinquedos, e outros insumos), é um dos elementos fundamentais para a qualidade da oferta educacional. É componente das condições de trabalho em educação e da materialidade para as práticas pedagógicas, brincadeiras e interações das crianças.

Profissionais da educação infantil: docentes

A formação das profissionais da educação é um dos indicadores mais relevantes para analisar a qualidade tanto das políticas quanto do atendimento educacional.

A proporção de *docentes com formação em nível superior* em creches, e na educação infantil em geral, é menor quando comparada à proporção de docentes por formação em outras etapas da educação básica. Também é menor no Nordeste, quando comparamos a formação tanto em creches, como em pré-escolas com o Sudeste e com a média nacional. No entanto, é possível observar na Tabela 5 uma melhora significativa desse indicador ao longo dos últimos 20 anos. Em relação a 2002, passamos, nas creches, de 14,7% para 79,1% de docentes com formação superior em 2021. Na pré-escola, passamos de 27,4% para 82% em 2021.

Tabela 5 – Docentes segundo grau de formação (%), em creches e pré-escolas, Brasil e regiões Nordeste e Sudeste – 2002 e 2021

Brasil e regiões	2002 Fundamental	2002 Médio completo	2002 Superior completo	2021 Fundamental	2021 Médio completo	2021 Superior completo
Creche						
Brasil	13,9	71,3	14,7	0,4	20,5	79,1
Nordeste	16,0	76,6	7,4	0,5	31,2	69,3
Sudeste	11,3	69,7	19,0	0,3	19,0	80,7
Pré-escola						
Brasil	4,4	68,2	27,4	0,3	17,4	82,3
Nordeste	8,6	81,0	10,4	0,5	28,8	70,7
Sudeste	1,5	58,7	39,8	0,2	13,1	86,7

Fonte: MEC/Inep, Sinopses estatísticas dos Censos Escolares de 2002 e 2021.

A Meta 15 do Plano Nacional de Educação (PNE) visa à garantia de uma política nacional de formação das profissionais da educação em regime de colaboração entre a União, os estados, o Distrito Federal e os municípios, no prazo de um ano de vigência do PNE. O objetivo é assegurar que todas as professoras da educação básica possuam formação específica de nível superior, obtida em curso de licenciatura na área de conhecimento em que atuam. No caso da educação infantil e anos iniciais do ensino fundamental, a licenciatura se refere ao curso de Pedagogia.

Mas é preciso atentar para a qualidade da formação inicial nas instituições formadoras, que apresentam condições diferenciadas para a oferta dos cursos de Pedagogia. Esses cursos podem ser oferecidos em Universidades, em Centros Universitários ou em Faculdades Isoladas, na forma presencial ou na educação à distância (EAD).

Para os pesquisadores que se dedicam ao tema, em geral os cursos de Pedagogia não têm contemplado de forma adequada a formação para a docência nessa etapa da educação. As disciplinas sobre a educação de bebês e crianças pequenas estão contempladas de forma insuficiente nas matrizes curriculares analisadas em pesquisas recentes. Essas pesquisas evidenciam que os cursos deveriam oferecer oportunidades efetivas para os estudantes se apropriarem de conhecimentos necessários para o exercício da docência em creches e pré-escolas.

Estudos sobre demanda de creches e efeitos da pandemia da covid-19 na primeira infância

Estudos e pesquisas sobre a demanda de educação infantil são ainda insuficientes no Brasil. O conhecimento das necessidades e das demandas das crianças, como também dos pais e das profissionais, por meio de pesquisas de maior abrangência, tem sido defendido pelo seu relevo para a formulação de políticas públicas consistentes na área. É de se esperar que a demanda por educação infantil seja mais desafiadora nos centros urbanos maiores, onde se encontra mais da metade da população brasileira.

Trazemos os resultados do estudo suplementar da PNAD de 2015, intitulado "Aspectos dos cuidados das crianças de menos de 4 anos de idade", por ser o mais recente e de maior abrangência sobre a demanda de creches no Brasil. Esse estudo identificou a presença de crianças dessas idades em 13,7% dos domicílios do país. Os resultados mostraram que 84,4% (8,7 milhões) dessas crianças permaneciam, de segunda a sexta-feira, no mesmo local e com a mesma pessoa e que quanto mais nova a criança maior era o percentual de permanência no mesmo lugar e com a mesma pessoa ao longo do dia. Esse padrão ocorreu em todas as grandes regiões. Somente 1,4 milhão de crianças pequenas (16,6%) permaneciam sob os cuidados oferecidos em creche ou escola no período da manhã e da tarde. A permanência da criança no domicílio em que residia mostrava tendência de redução com o aumento da idade: de 91,8% (menos de 1 ano) para 60,7% (3 anos de idade). A pesquisa ainda mostrou a concentração de crianças menores de 4 anos de idade em domicílios com rendimentos *per capita* variando de nenhum rendimento a menos que um salário-mínimo – esses concentraram 73,9% das crianças nessa idade. Essa pesquisa também apurou que mais que 65% dos respondentes prefeririam colocar os pequenos em creche caso estas estivessem disponíveis e fossem gratuitas.

Essas informações se tornaram ainda mais preocupantes no contexto da pandemia de covid-19 (2020-2021), como mostram os dados levantados pelo estudo realizado por pesquisadores do Cedeplar/UFMG e divulgados na "Nota técnica – desafios e propostas para enfrentamento da covid-19 nas periferias urbanas: análise das condições habitacionais e sanitárias dos domicílios urbanos no Brasil e na Região Metropolitana de Belo Horizonte" (Tonucci et al., 2020), que partiu do pressuposto que as periferias e os assentamentos informais urbanos seriam áreas sensíveis à disseminação do vírus. Mostrou-se que o Brasil tem quase 2 milhões de domicílios com coabitação familiar; mais de um 1 milhão com adensamento excessivo; quase 4 milhões sem abastecimento regular de água; quase 7 milhões sem coleta regular de esgoto; e mais de 3 milhões com ônus excessivo com aluguel urbano. O estudo alertava ainda que, mesmo sendo baseado em dados de 2015, não havia elementos que justificariam supor uma melhoria no quadro geral, considerando-se a crise econômica instaurada após 2016 e a brusca redução de investimentos públicos em áreas como saneamento e moradia. Essas situações de moradia e de saneamento básico nos colocaram em alerta para a gravidade das condições de vida das crianças pequenas e dos bebês confinados em domicílios com baixos rendimentos, no quadro da pandemia e das desigualdades sociais históricas que intensificaram as vulnerabilidades.

Antes da pandemia, o número de crianças de 0 a 6 anos em famílias pobres já era alto: 29% da população total dessa faixa etária, segundo dados que foram coletados na PNAD/2019. Embora a crise econômica e as taxas de desemprego estivessem aumentando, muitos programas sociais sofreram cortes orçamentários governamentais a partir de 2016, incluindo o Programa Bolsa Família, um programa de assistência social nacional que aporta renda para famílias muito pobres.

Essa situação foi agravada com o fechamento das escolas/creches, pois crianças e adolescentes matriculados na rede pública de ensino perderam a alimentação escolar gratuita diária, em muitos casos única oportunidade de obter refeição reforçada em termos de nutrientes. As escolas foram autorizadas a usar recursos do Programa Nacional de Alimentação Escolar (PNAE) para distribuir suprimentos de alimentos para estudantes durante a pandemia: 83% dos sistemas municipais estavam fazendo isso, mas não para todos os alunos, provavelmente porque o programa federal cobre apenas uma média de 54% de seus custos, conforme relatado por outra pesquisa, patrocinada por 26 Tribunais de Contas do Estado e 4 Tribunais locais. Esse estudo, que abrangeu 17 estados e 232 sistemas municipais, 12 de cada estado, constatou que 66% dos municípios estavam entregando alimentos para as famílias das crianças na escola e 21% na casa dos alunos, mas apenas 44% declararam incluir todos os seus alunos nesses programas durante a pandemia. Alguns estados e municípios estavam oferecendo vale-alimentação para as famílias mais vulneráveis (Instituto Ruy Barbosa, 2020).

Mas escolas e creches não oferecem apenas educação e refeições regulares. Também podem proteger as crianças de abusos e violência no ambiente familiar, além de oferecer-lhes um ambiente de convivência com seus pares e outros adultos, permitindo a elas fazer amizades e desenvolver o senso de participação.

As consequências da pandemia para as crianças da maioria das famílias vulneráveis precisam ser dimensionadas por meio de pesquisas e de monitoramento dos possíveis efeitos sobre as aprendizagens, a nutrição, a socialização e as interações com outras crianças e adultos. Alguns de seus efeitos já foram estudados, conforme se mostrou no capítulo anterior.

Educação infantil: programas federais

A partir de 1988, o Ministério da Educação assumiu um novo protagonismo em relação às políticas de educação infantil. Frente à diversidade de situações do atendimento em creches e pré-escolas, o desafio apresentado pelo novo contexto foi a construção de marcos orientadores para que estados e municípios pudessem constituir políticas para efetivar os direitos à educação da primeira infância.

O legado das políticas adotadas nos anos 1970 e 1980, que enfatizaram a expansão segundo um modelo que mobilizava recursos materiais e financeiros insuficientes, o trabalho voluntário de mulheres das periferias urbanas e o uso de espaços quase sempre inadequados, impôs a necessidade de divulgação dos novos referenciais para a implantação de serviços visando à democratização do acesso com qualidade.

Assim é que a antiga Coordenação de Educação Pré-escolar (Coepre), que havia sido criada em 1974, foi substituída pela Coordenação Geral de Educação Infantil (Coedi), já no início da década de 1990. E com a participação de especialistas, universidades, movimentos sociais e Conselhos da Mulher foi elaborado um conjunto de documentos, sendo o primeiro intitulado "Política Nacional de Educação Infantil", seguido de um diagnóstico da situação da educação infantil no período.

Muitos encontros, seminários nacionais e regionais foram promovidos, ocasião na qual foram debatidos os temas da formação das profissionais, do cuidar e educar na educação infantil, da qualidade, da pedagogia da infância, entre outros, respaldando a elaboração dos documentos orientadores com base nas novas concepções de educação da primeira infância. Além disso, é necessário ressaltar o papel orientador e estruturante dos planos de educação elaborados pós-1988. Em 1993, articulou-se o Plano Decenal de Educação para Todos. Em seguida, o PNE 2001-2010 e o PNE 2014-2024, que são as principais balizas para a construção de políticas públicas no setor educação.

Vamos destacar a seguir as políticas e programas federais que promoveram um novo cenário da educação infantil no país e que se pautaram nas metas estabelecidas pelos Planos Nacionais de Educação aprovados após a Constituição Federal de 1988.

Cabe ressaltar que os autores que estudam a política educacional brasileira apontam que uma de suas características é a descontinuidade de programas governamentais, o que se relaciona com a fragmentação de ações públicas devido aos processos políticos sucessórios e às articulações políticas e rupturas no processo de financiamento da educação. Outra característica é a quase ausência de avaliações consistentes que possam apontar necessidade de mudanças de rumo, extinção de programas ou continuidades. Nesse contexto, levar em consideração os Planos Nacionais é fundamental, pois eles são Planos de Estado, e não de governos. Por serem definidos pelo prazo de 10 anos, podem abranger três mandatos presidenciais, os quais deveriam se orientar pelo diagnóstico realizado, bem como pelas metas e prioridades aprovadas na forma de lei.

Para contextualizar as políticas e programas em prol da educação infantil realizados pós-Constituição de 1988, preparamos um quadro com informações sobre os governos no plano federal:

> Os governos federais eleitos após a Constituição Federal foram os seguintes:
> - 1990-1994: governo Collor de Melo, interrompido (*impeachment*) e substituído pelo vice-presidente Itamar Franco, que governou no período de 1991-1994.
> - 1995-2002: primeiro e segundo governos Fernando Henrique Cardoso.
> - 2003-2010: primeiro e segundo governos Luiz Inácio Lula da Silva.
> - 2011-2016: primeiro e segundo governos Dilma Rousseff – interrompido (*impeachment*) e substituído em outubro de 2016 pelo vice-presidente Michel Temer, que governou no período de 2016-2018.
> - 2019-2022: governo Jair Bolsonaro.
> - 2023-: governo Luiz Inácio Lula da Silva.

Durante a década de 1990, destacamos a construção e publicação dos Referenciais Curriculares para a Educação Infantil (RCNEI) e o programa Parâmetros em Ação, que promoveu ampla formação das profissionais da educação para a implementação dos Referenciais.

Como já foi referido no capítulo anterior, no mesmo período foi aprovada a Lei de Diretrizes e Bases da Educação Nacional (1996) e foi criado o Fundo de Manutenção e Desenvolvimento do Ensino Fundamental e Valorização do Magistério (Fundef), que contribuiu para o acelerado processo de municipalização do ensino fundamental e da pré-escola no país.

Após a LDBEN, foram implementados políticas e programas relacionados à educação infantil nas áreas de formação, infraestrutura e financiamento. Entre outros, merecem destaque:

- Programa de Formação Inicial para Professores em Exercício na Educação Infantil (ProInfantil) (2005-2012), visando à formação no curso Normal/Magistério nível médio para as docentes que já estavam atuando na educação infantil nas redes municipais de ensino e nas instituições conveniadas de educação infantil. Foi realizado em parceria com 19 instituições federais de ensino superior, tendo formado quase 30.000 professoras, em um modelo semipresencial;
- Curso de Especialização em Docência na Educação Infantil (2009 a 2014), ofertado em parceria com 21 universidades federais, abrangendo municípios de 18 estados. Foram também promovidos cursos de aperfeiçoamento, implementados a partir de 2012, oferecidos por 14 instituições de ensino superior. Foram eles: "Currículo e Planejamento Pedagógico na Educação Infantil" (180 a 220 horas); "Campos de Experiências e Saberes na Educação Infantil" (180 a 220 horas) e "Educação Infantil, Infâncias e Arte" (80 a 180 horas). Assim como o curso de especialização, esses cursos de aperfeiçoamento eram presenciais. Somadas as matrículas dos cursos de especialização e aperfeiçoamento, foram formadas cerca de 8 mil docentes da educação infantil no período.
- Criação do Fundo de Manutenção e Desenvolvimento da Educação Básica e Valorização dos Profissionais da Educação (Fundeb), em em 2007, que incluiu as creches e as pré-escolas. Reformulado e aperfeiçoado em 2020, no âmbito do Congresso Nacional.
- Criação do Programa Nacional de Reestruturação e Aquisição de Equipamentos para a Rede Escolar Pública de Educação Infantil (ProInfância), em 2007, perdendo força após 2016. Coordenado pelo Fundo Nacional de Desenvolvimento da

Educação (FNDE), o programa presta assistência técnica e financeira à construção de novas unidades, bem como à aquisição de equipamentos e materiais. Associadas à construção e à aquisição de equipamentos para os prédios, a Coedi desenvolveu uma série de ações visando à assessoria técnica e pedagógica aos municípios participantes, para subsidiar atendimento de qualidade às crianças. Essas ações foram extintas em 2016.
- Programa Brasil Carinhoso. Constituiu-se como programa intersetorial, pactuado entre o MEC, o Ministério da Saúde e o antigo Ministério do Desenvolvimento Social e Agrário (extinto em 2019), com foco compartilhado nas crianças de 0 a 6 anos de idade, para superação da extrema pobreza, melhoria e ampliação do acesso à creche e pré-escola e ampliação do acesso à saúde. O Brasil Carinhoso agiu em duas frentes. A primeira, de 2012 a 2021, integrava o antigo Programa Brasil sem Miséria, estabelecendo a transferência automática de recursos financeiros aos municípios com base na quantidade de matrículas de crianças de 0 a 48 meses pertencentes às famílias beneficiárias do Programa Bolsa Família. As matrículas dessas crianças recebiam apoio financeiro suplementar equivalente a 50% do valor anual mínimo por aluno definido nacionalmente para a educação infantil e creche, conforme legislação vigente no âmbito do Ministério da Educação. A outra frente do Brasil Carinhoso estava vinculada às novas matrículas em turmas criadas pelos municípios e pelo Distrito Federal em estabelecimentos públicos e instituições comunitárias, filantrópicas e confessionais sem fins lucrativos conveniadas com o poder público.

Além desses, citamos o Programa Nacional de Alimentação Escolar (PNAE), que adotou um valor diferenciado para a educação infantil. Essa etapa também estava incluída no Programa Nacional Biblioteca da Escola (PNBE) e no PNBE/Professor, nos anos de 2011 e 2013. Os valores da merenda escolar repassados aos municípios permaneceram congelados após 2019, diminuindo o valor nutricional das refeições e introduzindo alimentos processados na alimentação escolar, os quais já haviam sido suspensos nas escolas brasileiras desde a década de 1990.

A elaboração da Base Nacional Comum Curricular para a Educação Infantil também foi objeto de muitos debates e contribuições, tendo sido aprovada a terceira versão, no ano de 2017, pelo Conselho Nacional de Educação.

Políticas como o ProInfância e o Brasil Carinhoso cumpriram papel fundamental para atender à demanda social e ao disposto no PNE 2014-2024, apoiando efetivamente os municípios no cumprimento das suas atribuições constitucionais.

Vários documentos foram elaborados de forma democrática entre os anos de 2006 e 2016. Tanto sua construção como sua divulgação aconteceram de tal modo que possibilitaram momentos de formação de docentes e gestores públicos, cumprindo um papel de fomentar reflexões, fortalecer concepções e subsidiar ações para melhorar o acesso e a qualidade da educação infantil nos municípios brasileiros.

Quadro 3 – Documentos referentes à educação infantil elaborados pelo MEC no período de 2006 a 2016:

Ano	Título das publicações
2006	Política Nacional de Educação Infantil: pelo direito das crianças de zero a seis anos à Educação (atualização do primeiro documento de 1994)
2006	Parâmetros Básicos de Infraestrutura para Instituições de Educação Infantil
2006	Parâmetros Nacionais de Qualidade para a Educação Infantil (2ª versão publicada em 2018)
2009	Práticas cotidianas na educação infantil: bases para a reflexão sobre as orientações curriculares
2009	Indicadores de qualidade na educação infantil
2009	Orientações sobre convênios entre Secretarias Municipais de Educação e instituições comunitárias, confessionais ou filantrópicas sem fins lucrativos para a oferta de educação infantil
2009	Critérios para um atendimento em creches que respeite os direitos fundamentais das crianças (1ª ed. 1995)
2009	Diretrizes Curriculares Nacionais para a Educação Infantil
2009	Política de Educação Infantil no Brasil: relatório de avaliação
2011	Deixa eu falar!
2012	Educação infantil e práticas promotoras de igualdade racial
2012	Brinquedos e brincadeiras de Creches
2012	Pesquisa Nacional "Caracterização das práticas educativas com crianças de 0 a 6 anos de idade residentes em área rural"
2012	Educação infantil, igualdade racial e diversidade: aspectos políticos, jurídicos, conceituais
2012	Educação infantil: subsídios para construção de uma sistemática de avaliação
2013	Análise das discrepâncias entre as conceituações de educação infantil do INEP e IBGE, sugestões e subsídios para maior e mais eficiente divulgação dos dados
2013	Estudo sobre a organização dos espaços internos das unidades do ProInfância
2013	Oferta e demanda de educação infantil no campo
2014	Literatura na educação infantil: acervos espaços e mediações
2014	Educação infantil – os desafios estão postos e o que estamos fazendo?
2014	Educação infantil do campo: proposta para expansão da política
2014	Instrumento de acompanhamento da expansão da oferta da educação infantil, urbana e rural
2014	Estudo sobre a organização dos espaços externos das unidades do ProInfância
2015	Implementação do ProInfância no estado do Rio Grande do Sul
2015	Território do brincar: diálogo com escolas
2015	Avaliação da educação infantil a partir da avaliação de contexto
2015	Diretrizes em ação
2015	Educação infantil em jornada de tempo integral
2016	Docências na educação infantil: currículo, espaços e tempos
2016	Pedagogias das infâncias, crianças e docências na educação infantil

Fonte: Abuchaim, 2015.

> Incluímos ainda a coleção Leitura e Escrita na Educação Infantil, elaborada no âmbito do projeto de mesmo nome, resultado de parceria entre a Secretaria de Educação Básica do Ministério da Educação, as Universidades Federais de Mnias Gerais e do Rio de Janeiro e e a Universidade do Estado do Rio de Janeiro. O projeto teve como objetivos produzir e sistematizar discussões sobre a relação da Educação Infantil com o processo de apropriação das linguagens oral e escrita pelas crianças antes de sua entrada no Ensino Fundamental, e apoiar posicionamento do MEC em relação a essa questão. Como resultados do projeto, foi elaborada proposta de curso de aperfeiçoamento com material didático próprio, a coleção Leitura e Escrita na Educação Infantil, composta de nove cadernos temáticos e um encarte destinado às famílias das crianças, que pode ser acessada aqui: https://lepi.fae.ufmg.br/.
> As demais publicações mencionadas acima estão disponíveis no portal do MEC, na página "Educação infantil" http://portal.mec.gov.br/secretaria-de-educacao-basica/destaques?id=12579:educacao-infantil.

EM OUTRAS PALAVRAS

A organização da oferta de educação infantil brevemente apresentada, confrontada com a Meta 1 do PNE 2014-2024, evidencia os desafios para a ampliação de acesso e garantia de qualidade visando iguais oportunidades para todas as crianças vivendo nas cidades e no campo.

Após 1988 foi possível apostar num esforço de melhoria do atendimento, na medida em que a educação infantil passou a ser regulamentada segundo os parâmetros aprovados e as normas para autorizar a criação e o funcionamento de estabelecimentos públicos e privados, que foram integrados aos respectivos sistemas de ensino. É de se ressaltar o avanço que constituiu a regulamentação da educação infantil e a implementação de ações dela decorrentes por parte do poder público, que incluíram o cadastro e o registro das instituições educacionais. Esses registros também se constituíram em instrumento e condição para a melhoria do conhecimento da realidade e para o controle social. É possível ler aí a resposta a uma exigência social por critérios, por fiscalização e por referências coletivizadas na organização da educação da criança pequena em espaços coletivos, públicos ou privados. Tem a ver também com o fato de a educação infantil ter se constituído em crescente valor social, permeando diferentes classes sociais, não apenas as mais intelectualizadas.

Essas novas concepções exigiram profissionalismo e qualificação das pessoas envolvidas, como professoras, educadoras auxiliares, administradores e gestores da educação. A formação inicial em nível de ensino superior, as estratégias de formação continuada e em serviço e a valorização dessas profissionais foi e deverá ser enfatizada. Os investimentos nessa ação colaboram para criar condições para que professoras e gestoras elaborem e implementem propostas pedagógicas coerentes, consequentes e intencionais, fundamentadas em princípios éticos, políticos e estéticos, de acordo com as diretrizes nacionais, baseadas no binômio indissociável "cuidar e educar". A formação docente é, portanto, elemento fundamental para a qualidade do cuidado e educação nas creches e pré-escolas.

Novos atores sociais são cada vez mais requeridos na qualificação desse campo das políticas sociais, como os sindicatos de professores e os patronais e categorias afetas. Também a considerar o Ministério Público e outras instâncias judiciárias, que podem ser acionadas na proteção e efetivação do direito, assim como as instâncias do Legislativo, os conselhos de direitos, de educação e os tutelares, as universidades, centros de ensino e de pesquisa e os fóruns estaduais de educação infantil, que se articulam nacionalmente numa agenda de debates, ações e esforços pelo direito à educação infantil em igualdade de condições para todas as crianças.

Em contextos recorrentes de fortes embates em torno do financiamento da educação básica brasileira, o surgimento e a articulação dos Fóruns Estaduais de Educação Infantil e do Movimento Nacional Interfóruns da Educação Infantil do Brasil (MIEIB), juntamente com as redes institucionais em defesa do bem-estar da primeira infância brasileira, onde se destaca a Rede Nacional Primeira Infância (RNPI), são um dos elementos novos e promissores para que os bebês e crianças pequenas, bem como suas famílias, tenham efetivo acesso aos seus direitos sociais.

As desigualdades de acesso em razão da renda das famílias, da raça/cor, do local de moradia – campo/cidade/periferias – e da idade, bem como as diferenças nos padrões de qualidade, são persistentes e exigem políticas públicas comprometidas com os setores populares, as quais devem garantir o lugar da infância no orçamento dos governos nacional e subnacionais.

AMPLIANDO O DEBATE

Para dimensionar o acesso é necessário conhecer o universo das crianças das idades que são alvo da educação infantil, o universo de suas famílias e o contexto em que vivem, as suas principais características sociais. Assim, para atualizar esses conhecimentos é necessário consultar a cada ano os resultados dos censos escolares, do censo populacional e das PNAD, além de estudos produzidos por instituições de pesquisa e organizações sociais.

Após a aprovação do PNE pela Lei n. 13.005/2014, os estados e municípios deveriam, segundo essa Lei, elaborar os respectivos Planos Estaduais e Municipais, adequando as metas e estratégias às suas realidades, em todos os níveis, etapas e modalidades da educação, bem como em relação às profissionais (formação, valorização) e ao financiamento. O PNE é composto de 20 metas e 254 estratégias, que são os meios pelos quais as metas devem ser alcançadas.

A Meta 1 do PNE é a que se refere à educação infantil, acompanhada de 17 estratégias. Mas é importante saber que as demais estratégias, constantes de outras metas, também se referem à educação em creches e pré-escolas. Para conhecer o PNE e acompanhar sua implementação, acesse a página "PNE EM MOVIMENTO": https://pne.mec.gov.br/#onepage.

META 1

Universalizar, até 2016, a educação infantil na pré-escola para as crianças de 4 (quatro) a 5 (cinco) anos de idade e ampliar a oferta de educação infantil em creches de forma a atender, no mínimo, 50% (cinquenta por cento) das crianças de até 3 (três) anos até o final da vigência deste PNE.

Estratégias:

1.1) definir, em regime de colaboração entre a União, os Estados, o Distrito Federal e os Municípios, metas de expansão das respectivas redes públicas de educação infantil segundo padrão nacional de qualidade, considerando as peculiaridades locais;

1.2) garantir que, ao final da vigência deste PNE, seja inferior a 10% (dez por cento) a diferença entre as taxas de frequência à educação infantil das crianças de até 3 (três) anos oriundas do quinto de renda familiar per capita mais elevado e as do quinto de renda familiar per capita mais baixo;

1.3) realizar, periodicamente, em regime de colaboração, levantamento da demanda por creche para a população de até 3 (três) anos, como forma de planejar a oferta e verificar o atendimento da demanda manifesta;

1.4) estabelecer, no primeiro ano de vigência do PNE, normas, procedimentos e prazos para definição de mecanismos de consulta pública da demanda das famílias por creches;

1.5) manter e ampliar, em regime de colaboração e respeitadas as normas de acessibilidade, programa nacional de construção e reestruturação de escolas, bem como de aquisição de equipamentos, visando à expansão e à melhoria da rede física de escolas públicas de educação infantil;

1.6) implantar, até o segundo ano de vigência deste PNE, avaliação da educação infantil, a ser realizada a cada 2 (dois) anos, com base em parâmetros nacionais de qualidade, a fim de aferir a infraestrutura física, o quadro de pessoal, as condições de gestão, os recursos pedagógicos, a situação de acessibilidade, entre outros indicadores relevantes;

1.7) articular a oferta de matrículas gratuitas em creches certificadas como entidades beneficentes de assistência social na área de educação com a expansão da oferta na rede escolar pública;

1.8) promover a formação inicial e continuada dos (as) profissionais da educação infantil, garantindo, progressivamente, o atendimento por profissionais com formação superior;

1.9) estimular a articulação entre pós-graduação, núcleos de pesquisa e cursos de formação para profissionais da educação, de modo a garantir a elaboração de currículos e propostas pedagógicas que incorporem os avanços de pesquisas ligadas ao processo de ensino-aprendizagem e às teorias educacionais no atendimento da população de 0 (zero) a 5 (cinco) anos;

1.10) fomentar o atendimento das populações do campo e das comunidades indígenas e quilombolas na educação infantil nas respectivas comunidades, por meio do redimensionamento da distribuição territorial da oferta, limitando a nucleação de escolas e o deslocamento de crianças, de forma a atender às especificidades dessas comunidades, garantido consulta prévia e informada;

1.11) priorizar o acesso à educação infantil e fomentar a oferta do atendimento educacional especializado complementar e suplementar aos (às) alunos (as) com deficiência, transtornos globais do desenvolvimento e altas habilidades ou superdotação, assegurando a educação bilíngue para crianças surdas e a transversalidade da educação especial nessa etapa da educação básica;

1.12) implementar, em caráter complementar, programas de orientação e apoio às famílias, por meio da articulação das áreas de educação, saúde e assistência social, com foco no desenvolvimento integral das crianças de até 3 (três) anos de idade;

1.13) preservar as especificidades da educação infantil na organização das redes escolares, garantindo o atendimento da criança de 0 (zero) a 5 (cinco) anos em estabelecimentos que atendam a parâmetros nacionais de qualidade, e a articulação com a etapa escolar seguinte, visando ao ingresso do (a) aluno(a) de 6 (seis) anos de idade no ensino fundamental;

1.14) fortalecer o acompanhamento e o monitoramento do acesso e da permanência das crianças na educação infantil, em especial dos beneficiários de programas de transferência de renda, em colaboração com as famílias e com os órgãos públicos de assistência social, saúde e proteção à infância;

1.15) promover a busca ativa de crianças em idade correspondente à educação infantil, em parceria com órgãos públicos de assistência social, saúde e proteção à infância, preservando o direito de opção da família em relação às crianças de até 3 (três) anos;

1.16) o Distrito Federal e os Municípios, com a colaboração da União e dos Estados, realizarão e publicarão, a cada ano, levantamento da demanda manifesta por educação infantil em creches e pré-escolas, como forma de planejar e verificar o atendimento;

1.17) estimular o acesso à educação infantil em tempo integral, para todas as crianças de 0 (zero) a 5 (cinco) anos, conforme estabelecido nas Diretrizes Curriculares Nacionais para a Educação Infantil.

Fonte: BRASIL. Lei n. 13.005, de 25 de junho de 2014. Aprova o Plano Nacional de Educação – PNE e dá outras providências. Diário Oficial da União, Brasília/, DF, 26 jun. 2014.

Destacamos as duas primeiras estratégias como um dos mais relevantes desafios a serem perseguidos. Infelizmente, não foi ainda diminuído o hiato no acesso às creches no nosso país. Persistimos com uma diferença inaceitável de 27 pontos, que penaliza as crianças que vivem em situações mais vulneráveis, pois enquanto 53% das crianças de até 3 anos da faixa de renda dos 25% mais ricos frequentam centros de educação infantil, no quartil mais baixo, dos 25% mais pobres, apenas 26% das crianças de 0 a 3 anos frequentam essa subetapa de ensino.

Os órgãos públicos responsáveis e as creches/pré-escolas devem assegurar recursos físicos, materiais e humanos compatíveis com padrão básico de qualidade, definidos em acordo com documentação nacional oficial, incluindo leis, decretos, resoluções e documentos orientadores.

Entre os documentos federais orientadores, ressaltamos os seguintes:

- Ministério da Educação – Critérios para um atendimento em creches que respeite os direitos das crianças, 1995 (1ª edição) e 2009. Disponível em: http://portal.mec.gov.br/dmdocuments/direitosfundamentais.pdf.
- Ministério da Educação – Parâmetros de Qualidade na Educação Infantil, 2006 – volume 1 e 2. Disponível em: http://portal.mec.gov.br/seb/arquivos/pdf/Educinf/eduinfparqualvol1.pdf e em http://portal.mec.gov.br/seb/arquivos/pdf/Educinf/eduinfparqualvol2.pdf
- Ministério da Educação – Parâmetros Básicos de Infraestrutura para Instituições de Educação Infantil, 2006. Disponível em: http://portal.mec.gov.br/seb/arquivos/pdf/Educinf/miolo_infraestr.pdf.
- Conselho Nacional de Educação – Diretrizes Curriculares Nacionais da Educação Infantil, 1999 (1ª edição) e 2009. Disponível em: http://portal.mec.gov.br/dmdocuments/diretrizescurriculares_ 2012.pdf

É muito importante estarmos atentos/as para participar e conhecer os Planos que deverão ser elaborados para o próximo decênio, de 2025-2035, nos âmbitos nacional, estaduais e municipais, assim como para verificar o cumprimento das metas do PNE em vigor.

Para maiores informações sobre as políticas de educação infantil pós-LDBEN, indicamos o texto elaborado por Beatriz Abuchaim, intitulado "Panorama das Políticas de Educação Infantil no Brasil", que se encontra disponível em https://unesdoc.unesco.org/ark:/48223/pf0000261453

Indicamos também o periódico *Cadernos CEDES*, v. 37, n. 103, publicado em 2017, que contém um dossiê sobre a educação infantil no campo e pode ser acessado em https://www.scielo.br/j/ccedes/i/2017.v37n103/.

Por último, em relação ao tema da formação de docentes para atuar na educação básica, o periódico editado pela Associação Nacional pela

Formação dos Profissionais da Educação contém sempre artigos que apresentam pesquisas e debates atualizados. Veja-se https://www.anfope.org.br/revista-de-formacao-em-movimento/.

Referências

ABUCHAIM, Beatriz. *Panorama das políticas de educação infantil no Brasil*. Brasília: Unesco, 2018.

BRASIL. Presidência da República. Casa Civil. Lei 8.069, de 13 de julho de 1990. Dispõe sobre o Estatuto da Criança e do Adolescente e dá outras providências. *Diário Oficial da União*, Brasília, 16 jul. 1990. Disponível em: https://www.planalto.gov.br/ccivil_03/leis/l8069.htm. Acesso em: 28 fev. 2023.

BRASIL. Presidência da República. Casa Civil. Lei nº. 9394/96. Estabelece as diretrizes e bases da educação nacional. Diário Oficial da União, Brasília/DF, 23 dez. 1996. Disponível em: https://www.planalto.gov.br/ccivil_03/leis/l9394.htm. Acesso em: 28 fev. 2023.

BRASIL. Ministério da Educação. Secretaria de Educação Básica. *Parâmetros básicos de infraestrutura para instituições de educação infantil*. Brasília/DF: MEC, SEB, 2006.

BRASIL. Presidência da República. Casa Civil. Emenda Constitucional n. 59, 11 nov. 2009. Acrescenta § 3º ao art. 76 do Ato das Disposições Constitucionais Transitórias para reduzir, anualmente, a partir do exercício de 2009, o percentual da Desvinculação das Receitas da União incidente sobre os recursos destinados à manutenção e desenvolvimento do ensino de que trata o art. 212 da Constituição Federal, dá nova redação aos incisos I e VII do art. 208, de forma a prever a obrigatoriedade do ensino de quatro a dezessete anos e ampliar a abrangência dos programas suplementares para todas as etapas da educação básica, e dá nova redação ao § 4º do art. 211 e ao § 3º do art. 212 e ao caput do art. 214, com a inserção neste dispositivo de inciso VI. *Diário Oficial da União*, 12 de novembro de 2009.

BRASIL. Ministério da Educação. Secretaria de Educação Básica. *Diretrizes curriculares nacionais para a educação infantil*. Secretaria de Educação Básica. Brasília/DF: MEC, SEB, 2010.

BRASIL. Ministério da Educação. Secretaria de Educação Básica. *Parâmetros nacionais de qualidade para a educação infantil*. Ministério da Educação. Secretaria de Educação Básica. Brasília/DF v. l e v. 2.

BRASIL. Lei nº 13.005, de 25 de junho de 2014. Aprova o Plano Nacional de Educação – PNE e dá outras providências. *Diário Oficial da União*, Brasília/, DF, 26 jun. 2014.

BRASIL. *Constituição da República Federativa do Brasil de 1988*. Brasília/DF: Senado Federal, 2016. 496 p. Disponível em: https://www.planalto.gov.br/ccivil_03/constituicao/constituicao.htm Acesso em: 13 fev. 2023.

BRASIL. Presidência da República. Casa Civil. Lei n. 13.257, de 08 de março de 2016. Dispõe sobre as políticas públicas para a primeira infância e altera a Lei nº 8.069, de 13 de julho de 1990 (Estatuto da Criança e do Adolescente), o Decreto-Lei nº 3.689, de 3 de outubro de 1941 (Código de Processo Penal), a Consolidação das Leis do Trabalho (CLT), aprovada pelo Decreto-Lei nº 5.452, de 1º de maio de 1943, a Lei nº 11.770, de 9 de setembro de 2008, e a Lei nº 12.662, de 5 de junho de 2012. *Diário Oficial da União*, Brasília, DF, 09 mar. 2016. Disponível em: http://www.planalto.gov.br/ccivil_03/_ato2015-2018/2016/lei/l13257.htm. Acesso em: 13 fev. 2023.

BRASIL. *Aspectos dos cuidados das crianças de menos de 4 anos de idade:* 2015 / IBGE, Coordenação de Trabalho e Rendimento. Rio de Janeiro: IBGE, 2017. Disponível em: https://educacao.mppr.mp.br/arquivos/File/informativos/2017/cuidados_criancas_menores_4anos__ibge2015.pdf. Acesso em: 12 fev. 2023.

BRASIL. Instituto Nacional de Estudos e Pesquisas Educacionais Anísio Teixeira. *Relatório do 4º Ciclo de Monitoramento das Metas do Plano Nacional de Educação*. Brasília/DF: Inep, 2022.

BRASIL. Instituto Nacional de Estudos e Pesquisas Educacionais Anísio Teixeira. INEP/MEC. *Resumo técnico do Censo Escolar – 2021*. Brasília/DF: Inep/MEC, jan. 2022.

BRASIL. INEP. *Sinopse Estatística da Educação Básica*. 1997 a 2021. Brasília/DF: Inep/MEC. Disponível em https://www.gov.br/inep/pt-br/acesso-a-informacao/dados-abertos/sinopses-estatisticas/educacao-basica. .Acesso em: 8 fev. 2023.

BRASIL. IBGE. Síntese de indicadores sociais – 2022. Síntese de indicadores sociais: uma análise das condições de vida da população brasileira. Rio de Janeiro: IBGE, 2022.

CAMPOS, Maria Malta; VIEIRA, Lívia Fraga. COVID-19 and early childhood in Brazil: impacts on children's well-being, education and care. *European Early Childhood Education Research Journal*, 2021. DOI: 10.1080/1350293X.2021.1872671.

INSTITUTO RUY BARBOSA. *A educação não pode esperar*. Ações para minimizar os impactos negativos à educação em razão do enfrentamento ao novo coronavírus. 2020. Disponível em: https://www.portaliede.com.br/wp-content/uploads/2020/06/Estudo_A_Educa%C3%A7%C3%A3o_N%C3%A3o_Pode_Esperar.pdf. Acesso em: 8 fev. 2023.

ROSEMBERG, F.; ARTES, A. O rural e o urbano na oferta de educação infantil para crianças de até 6 anos. In: BARBOSA, M.C.S. et al. (orgs.). *Oferta e demanda de educação infantil no campo*. Porto Alegre: Evangraf, 2012. pp. 13-69.

SALATA, André; MATTOS, Ely José de; BAGOLIN, Izete Pengo. *Pobreza infantil no Brasil*: 2012-2021. Laboratório de Desigualdades, Pobreza e Mercado de Trabalho – PUC-RS Data Social. Porto Alegre, 2022. Disponível em: http://www.pucrs.br/datasocial. Acesso em: 8 fev. 2023.

TONUCCI FILHO, João; PATRICIO, Pedro; BASTOS, Camila. Desafios e Propostas para Enfrentamento da COVID-19 nas Periferias Urbanas: análise das condições habitacionais e sanitárias dos domicílios urbanos no Brasil e na Região Metropolitana de Belo Horizonte. Notas Técnicas Cedeplar-UFMG 006, Cedeplar, Universidade Federal de Minas Gerais, 2020. Disponível em: https://econpapers.repec.org/paper/cdptecnot/tn006.htm. Acesso em: 12 fev. 2023.

VIEIRA, L. M. F.; FALCIANO, B. T. Docência na educação infantil durante a pandemia: percepções de professoras e professores. *Revista Retratos da Escola*, Brasília, v. 14, n. 30, p. 788-805, set./dez. 2020. Disponível em: http://retratosdaescola.emnuvens.com.br/rde. Acesso em: 20 jul. 2022.

Currículo na educação infantil

"Onde fica a saída?", perguntou Alice ao gato que ria.
"Depende", respondeu o gato.
"De quê?", replicou Alice.
"Depende de para onde você quer ir...".
(Lewis Carroll, em *Alice no país das maravilhas*)

Figura 8 – Alice conversa com o Gato de Cheshire

Fonte: Ilustração de John Tenniel, c. 1865.

Como vimos nos capítulos anteriores, as transformações promovidas na educação infantil desde a promulgação da Constituição Federal resultaram em adequações e mudanças administrativas nos sistemas, nas redes e nas instituições de ensino. Além dessas mudanças no âmbito administrativo, ganhou importância no debate educacional a construção de uma pedagogia da primeira infância, segundo a qual cuidar e educar, em instituições educacionais, deveriam ser compreendidos como ações indissociáveis. Assim, a compreensão de que a educação é um direito de todas as crianças, desde seu nascimento, exige que se leve em conta, nos processos pedagógicos, as profundas transformações psíquicas, motoras, intelectuais e emocionais pelas quais passam as crianças ao longo desses primeiros anos de vida.

O que significa ser a primeira etapa da educação básica? Para que as crianças devem frequentar uma instituição de educação infantil? Como organizar tempos e espaços escolares considerando as especificidades de bebês e das demais crianças de até 6 anos de idade? Que situações de aprendizagem podem e devem ser criadas? Como realizar mediações que contribuam para o desenvolvimento integral da criança? O que exatamente elas aprendem ou devem aprender nessas instituições? O que deve ser ensinado? Que profissional deve se responsabilizar pelo processo educativo dessas crianças? Que saberes e conhecimentos devem possuir esses profissionais?

O diálogo de Alice com o Gato de Cheshire, extraído da célebre obra de Lewis Carroll e apresentado na abertura deste capítulo, nos ajuda a responder a essas questões, que nos remetem aos debates sobre a função social da educação infantil e sobre a qualidade desse atendimento.

Para algumas pessoas, uma boa escola de crianças menores de 6 anos é aquela que as prepara para a etapa seguinte. Para outras, é a escola que protege e cuida das crianças enquanto seus familiares precisam se afastar para garantir o sustento da família. E há quem defenda que essa escola deve ser um local onde as crianças, além de estarem bem e adequadamente cuidadas e protegidas, vivenciam amplas oportunidades de expandir suas experiências nos mais diferentes campos e áreas do conhecimento. À pergunta sobre qual projeto pedagógico e que currículo deve ser desenvolvido na educação infantil, impõe-se o alerta do gato risonho da história: depende de aonde queremos ir ou aonde queremos chegar com nossas crianças.

Essas são algumas das questões que perpassam as discussões sobre currículo, prática pedagógica e gestão de instituições de educação infantil. Neste capítulo, apresentaremos e discutiremos os pressupostos contidos nos documentos oficiais que orientam a organização curricular das instituições públicas e privadas de educação infantil, bem como das redes e sistemas de ensino, entendendo que tais orientações registram acordos entre pesquisadores, especialistas, professoras, organizações da sociedade civil e gestores públicos que buscam responder à pergunta: que educação infantil queremos erigir no nosso país?

A PRIMEIRA ETAPA DA EDUCAÇÃO BÁSICA E SEUS SIGNIFICADOS

De acordo com o art. 29 da LDBEN, a educação infantil tem como finalidade o desenvolvimento integral da criança de 0 a 5 anos de idade em seus aspectos físico, psicológico, intelectual e social, complementando a ação da família e da comunidade. Destacamos, nessa definição legal, dois elementos primordiais que nos ajudam a entender qual o modelo de educação infantil proposto pela legislação brasileira. Um primeiro elemento diz respeito à integralidade que caracteriza o desenvolvimento infantil, sobretudo nessa faixa etária de 0 a 5 anos de idade. Entender que bebês e demais crianças pequenas aprendem o mundo de forma holística nos remete à ideia de que o currículo de creches e pré-escolas deve ter como centralidade a criança, seu cotidiano e seu direito de ver expandidas suas experiências. Mais adiante vamos explorar um pouco melhor essa ideia.

O segundo elemento que destacamos é a noção de que essas instituições complementam a ação educativa que acontece na família e nos diferentes espaços sociais. O atendimento em creches e pré-escolas é, pois, compreendido como a educação que não apenas interage com aquela que ocorre em casa, na instituição religiosa, no centro cultural, na biblioteca etc., mas que vai além dela. Resulta dessa compreensão que o processo educativo que tem lugar nas instituições de educação infantil deve ser regulado por critérios e parâmetros da área da educação e, portanto, deve ser efetivado por educadoras devidamente capacitadas para garantir o direito das crianças a uma educação de qualidade.

Voltando ao pressuposto de que a primeira etapa da educação básica deve considerar a integralidade do desenvolvimento infantil, e para dar concretude à ideia de que são as crianças e seu cotidiano o centro da proposta educativa e não os conteúdos, as disciplinas ou os saberes escolares, as Diretrizes Curriculares Nacionais para a Educação Infantil (DCNEI), homologadas em 2009, em seu artigo 3º definem currículo como sendo "[...] um conjunto de práticas que buscam articular as experiências e os saberes das crianças com os conhecimentos que fazem parte do patrimônio cultural, artístico, ambiental, científico e tecnológico, de modo a promover o desenvolvimento integral de crianças de 0 a 5 anos de idade".

> **Vejamos mais detidamente essa definição:**
>
> **Um conjunto** – significa que não são práticas isoladas, mas sim práticas que se articulam entre si.
>
> Um conjunto **de práticas** – a palavra prática remete à ideia de ação, ato, realização, experiência, atividade, em oposição à noção de teoria, inércia, inatividade.
>
> Um conjunto de práticas **que articulam** – ou seja, práticas pedagógicas que se encadeiam, se ligam, se unem entre si e a outro elemento: as experiências e os saberes que as crianças possuem.
>
> Um conjunto de práticas, que articulam **experiências e saberes das crianças** – esse conjunto articulado de práticas precisa reconhecer as experiências e os saberes pré-existentes, que extrapolam os muros das instituições educativas e que são, portanto, constituídos fora delas, isto é, saberes e conhecimentos que acompanham a trajetória desses sujeitos, ainda bebês, e que devem ser conhecidos e reconhecidos pelas profissionais responsáveis pela educação de bebês e demais crianças pequenas nas instituições educativas.
>
> Um conjunto de práticas que articulam experiências e saberes das crianças **com os conhecimentos que fazem parte do patrimônio cultural, artístico, ambiental, científico e tecnológico para promover o desenvolvimento integral da criança** – ou seja, a prática educativa desenvolvida na escola de educação infantil constrói uma ponte entre o que as crianças sabem e conhecem e aquilo a que têm direito de vir a saber. Expressa-se, nessa formulação conceitual, a intencionalidade educativa. Isto é, para que essa articulação ocorra é preciso desenvolver práticas educativas planejadas, sistematizadas e organizadas com o fim de garantir o pleno desenvolvimento das crianças.

Compreender uma organização curricular pautada na criança, na sua experiência, nos seus saberes e no seu cotidiano, em oposição a uma estrutura baseada em listas de conteúdos a serem adquiridos ou de habilidades e capacidades a serem desenvolvidas, pressupõe apropriar-se de conceitos e concepções sobre crianças, infâncias e educação.

Vejamos como uma experiência compartilhada por uma jovem família pode nos ajudar a compreender as complexas definições contidas nos textos legais e normativos acerca do currículo da educação infantil. Trata-se do vídeo *Caminhando com Tim Tim,* um curta-metragem que, desde seu lançamento em 2014, já foi assistido por aproximadamente meio milhão de pessoas. O vídeo narra o curto trajeto de apenas duas quadras que separam a casa do Valentim, um bebê de um ano e cinco meses, da casa de sua avó, na cidade de Porto Alegre. A mãe, Genifer Gerhardt, narra com voz em *off* a travessia de ambos, que se repete cotidianamente. As cenas foram gravadas e editadas pelo pai de Valentim, Tiago Expinho.

> Assista ao filme *Caminhando com Tim Tim* acessando o link https://www.youtube.com/watch?v=1dYukOrq5RI.

Na breve narrativa fílmica de menos de cinco minutos, acompanhamos Valentim em seu passeio diário. A delicadeza dessa brevíssima caminhada é expressa, entre outras coisas, pela suavidade da voz da mãe, que narra a "aventura" de ambos; pelos amistosos e cuidadosos encontros com os mesmos amigos, personagens da cidade; e pela secreta presença do pai, revelada, paradoxalmente, pela sua ausência e pela posição da câmera, que nos mostra o mundo a partir do olhar de Tim Tim. E é essa criança com seus menos de 2 anos que nos empresta seu olhar e suas experiências, graças à generosidade de seus pais. Nas palavras de Genifer, em entrevista concedida ao Portal Aprendiz: "A gente é feito de instantes, detalhes, simplicidades e "olás". Espero que tenhamos sempre os olhos e ouvidos atentos e cuidadosos para o que nos ensinam as crianças ao viver em campo de liberdade".

> A reportagem "'Caminhando com Tim Tim' e a importância de proporcionar liberdade para as crianças" pode ser lida na íntegra acessando o link https://portal.aprendiz.uol.com.br/2015/01/19/caminhando-com-tim-tim-e-a-importancia-de-proporcionar-liberdade-para-as-criancas/.

Vejamos a seguir alguns aspectos extraídos desse vídeo, que nos ajudam a compreender que currículo é proposto pelas DCNEI.

A concepção de currículo

Se tomarmos o sentido mais comum para o termo, currículo expressa a forma de organizar a trajetória de aprendizagem. No caso das crianças menores de 6 anos, tal organização curricular, como vimos anteriormente, deve lhes assegurar o desenvolvimento integral. Como organizar tempos e espaços, que materiais pedagógicos, que mediações e interações devem ser desenvolvidas ao longo da trajetória de bebês, crianças bem pequenas e crianças pequenas, durante a educação infantil?

A ideia de currículo nos remete, pois, à noção de via, caminho, traçado, e também a escolhas a serem feitas nesse percurso. O currículo pode, portanto, ser tomado como a trajetória para se chegar o mais longe possível em termos de ampliação das experiências infantis.

Traçamos um caminho, uma via, fazendo escolhas, definindo elementos que comporão essa caminhada rumo ao que consideramos importante, relevante, essencial para o processo de desenvolvimento das crianças. Assim é o caminhar de Tim Tim com sua mãe, um lugar de partida – sua casa – em direção a um lugar de chegada – a casa da avó. Entretanto, o que dá vida a esse breve percurso são as experiências que se apresentam para ambos.

A concepção de infância

Se o destino e o trajeto estão determinados pela mãe – chegar à casa da avó passando por quadras, atravessando ruas –, o modo de estar e de perceber esse trajeto não é o mesmo entre ela e Valentim: "Da nossa casa até a casa da avó são duas quadras. Para mim, calçada, ferragem, mercadinho e chegou".

Nosso olhar de adultos é o olhar da chegada. Um olhar que privilegia o resultado, o produto, o efeito final. Entretanto, para Valentim: "Pedrinhas, árvores, pedras soltas que toda vez tira e coloca, buscar encaixe...". Muito mais o processo, a investigação, a beleza, a surpresa do descobrimento são os elementos que interessam às crianças, à semelhança do artista e do cientista.

O papel do adulto

Há também no vídeo elementos que nos ajudam a pensar sobre o papel dos mediadores diante dos desafios de construir um processo educativo que privilegie a criança como centro.

Tem-se repetido que as crianças, desde bebês, são sujeitos ativos, inteligentes, participativos, que pensam e interagem com o mundo em sua busca constante de transformação e desenvolvimento. Entretanto, é preciso também não perder de vista o lugar social que a infância ocupa em uma sociedade adultocêntrica. Para que as crianças possam expressar seus desejos, suas intenções, suas preferências, é preciso que haja, por parte dos adultos ou de outros sujeitos mais experientes, uma escuta atenta, acolhedora e generosa.

Vejamos como a mãe oportuniza o protagonismo de Tim Tim. Se, de um lado, é ela quem decide para onde ambos irão e o momento de iniciarem a caminhada, a forma como ela conduz é amorosa e democrática: *"Valentim, Valentim, vamos pra casa da vovó depois da música, vamos?"* Observe que não há uma imposição, há um convite. Da maneira como é apresentado, deixa de ser uma ordem e uma decisão tomada exclusivamente por ela e passa a ser um projeto de ambos. Também em relação ao momento de iniciarem o passeio, há da parte da mãe um reconhecimento de que aquilo que Valentim está vivenciando precisa ser considerado: "depois da música, vamos?". Um tempo acordado entre ambos.

Ainda sobre o papel do adulto nas definições que concretizam a trajetória educacional de bebês e demais crianças pequenas, o filme não evidencia um abandono de Tim Tim à própria sorte, o que seria inimaginável considerando a responsabilidade dos adultos para com a segurança e o direito das crianças de expandirem seus conhecimentos. Tampouco, como vimos antes, evidencia uma relação autoritária de imposição de para onde ir e de quando iniciar o trajeto. Em lugar disso, cabe especial destaque para *como* ambos realizarão a caminhada e *quanto tempo* será necessário para concluí-la. Esses são dois aspectos prioritariamente definidos por Tim Tim.

Podemos inclusive nos perguntar: é a mãe quem conduz Tim Tim ou será que é ele quem a conduz?

> "[...] poças d'água. Pisoteia, alegra, refresca. 'Ai que água suja', dizem uns. 'É água de chuva, meu caro!' 'Ai, que delícia', apontam outros." Genifer Gerhardt

Permitir as experiências, sem superproteger, acreditando que a criança é capaz. Uma aposta na sua inteligência, mas também na construção de uma relação pautada no respeito e na confiança mútua "[...] duas ruas atravessadas para dar a mão pra mamãe". Não significa que não existam regras, mas sim que a noção de perigo e de autoproteção está em construção e necessita da ajuda de quem se responsabiliza pela sua segurança.

Tanto o protagonismo de Valentim quanto o papel generoso e atento exercido pela mãe são evidenciados por meio da narrativa em *off*, durante todo o vídeo, mas também pelas opções estéticas e técnicas de gravação. A posição da câmera, que nos permite ver a mãe e os amigos encontrados pelo caminho apenas da cintura para baixo, materializa a ideia de que o grande protagonista é Tim Tim. Entretanto, sua mãe está lá, dando a mão quando necessário e sabendo esperar, aguardar de acordo com os interesses e o tempo da criança para desfrutar suas experiências.

Em suma: currículo como caminho, como processo. A criança como protagonista e o adulto como mediador, como aquele que também aprende nesse trajeto.

> "Valentim tem me ensinado sobre os caminhos, caminhares e destinos. Que o chegar não é mais valioso que a andança. Que o encontro é precioso. E necessário." Genifer Gerhardt
>
> "Digo: o real não está nem na saída nem na chegada: ele se dispõe para a gente é no meio da travessia." João Guimarães Rosa

Interações e brincadeira como eixos da prática pedagógica

O caminhar de Tim Tim com sua mãe é marcado por suas interações com objetos e animais, com os quais vai se encontrando pelo caminho, e também pelas relações que estabelece com seus quatro amigos, "a sentir falta quando algum não está". Essas relações, de acordo com a mãe, é o que de mais valoroso existe para Tim Tim.

Interações e brincadeira, conforme definido pelas DCNEI, são os dois eixos que devem sustentar as propostas pedagógicas na educação infantil. Tim Tim saltita nas poças d'água, agacha-se para ver as pedrinhas e mudá-las de lugar, tenta um carinho no gato. A essas ações e atividades, que o bebê realiza na sua interação com o mundo, damos o nome de brincadeira. Brincar é a forma de as crianças agirem sobre o mundo, para dele se apropriarem e com ele interagir.

Quanto às interações, elas são a forma por meio da qual vamos nos constituindo como seres humanos. Vygotsky (1896-1934) nos ensina que não nascemos humanos, nós nos tornamos humanos por meio das interações sociais que ocorrem durante o processo de desenvolvimento. Essas interações com o outro, mediadas pelo uso da linguagem, permitem não apenas que nos comuniquemos, mas também que nos transformemos mutuamente e, dessa forma, vamos construindo nossas subjetividades.

> "Mas no percurso até a casa da avó, há também o que me parece o mais valoroso para Tim Tim: os quatro encontros, estabelecidos por ele desde o início, que nem sei precisar quando foi. Nesses eu só respeito e acompanho. Só olho e vibro". Genifer Gerhardt

Currículo e cotidiano das crianças

Todos os dias, Tim Tim e sua mãe saem de casa em direção à casa da avó. A repetição poderia assumir, nessa ação cotidiana, ares de cansaço, de enfastiamento. No entanto, o olhar da criança traz em si o compromisso com o desejo de descobrir coisas novas, com a investigação e com o encantamento. O caminho é o mesmo, o que muda é o olhar sobre ele: "Cada dia com um olhar atento sobre algo novo no trajeto [...]".

Alguns aspectos nos ajudam a pensar por que a essência do currículo da educação infantil está no cotidiano das crianças. Em primeiro lugar, a positividade da repetição, da segurança que a constância e frequência de determinados elementos dão para as crianças pequenas. São tantas as coisas novas a aprender que aquilo que remete ao ordinário acaba por se constituir como fonte de segurança – conhecer o novo que se encontra no ordinário, no comum, no já conhecido. Em segundo lugar, partir do conhecido e assegurar o mesmo caminho não significa evitar o novo, mas atentar para o inusitado. Em terceiro lugar, um currículo que respeita os saberes das crianças para a partir desse saber alçar novos conhecimentos, precisa retirar do dia a dia e do olhar da criança os elementos a partir dos quais ela poderá ter expandidas suas experiências. O cotidiano é, assim, fonte de perguntas que as crianças fazem sobre o mundo e as coisas e deveria ser também fonte da ação pedagógica.

> O projeto Universidade das Crianças da UFMG trabalha com divulgação científica para crianças, por meio de oficinas e da produção de curtas de animação, textos ilustrados, áudios e livros.
> Na página da internet do Projeto, você encontrará algumas das perguntas que as crianças fazem durante os encontros com professores/as pesquisadores/as, estudantes de graduação e pós-graduação de diferentes cursos e artistas integrantes da equipe do Projeto. Essas são algumas delas: *Como o irmãozinho do Artur entrou dentro da barriga da mãe dele? Por que os peixes não morrem afogados? Por que os morcegos só enxergam à noite? Por que existem as estações do ano? Como surgiu o lápis de cor? Como acabar com o chulé? Por que roncamos? Por que a gente vomita?* No link https://www.universidadedascriancas.fae.ufmg.br/ você encontrará as perguntas das crianças e as respectivas respostas dos/as cientistas em áudios, animações e textos escritos, além de outras informações sobre o projeto.

PRINCÍPIOS PARA A ORGANIZAÇÃO DA PRÁTICA EDUCATIVA

Após refletirmos, com a ajuda da breve história de Valentim, sobre como concebemos a criança e a infância, como interpretamos sua relação com o mundo e com os conhecimentos socialmente produzidos e, finalmente, como conceber o currículo da educação infantil, destacaremos, a seguir, alguns princípios que podem ajudar a melhor compreender as determinações contidas nas DCNEI.

A criança e a infância como eixos do processo educativo

Os profissionais da escola (professoras, auxiliares, coordenadoras pedagógicas, diretoras, faxineiras, porteiras) devem conceber a criança como sujeito que é produzido na e pela cultura e que, ao mesmo tempo, é produtora de cultura. Essa concepção de criança e de infância requer que se respeite e se leve em consideração a capacidade e a maneira peculiar de a criança interagir com o mundo e criar significados para aquilo que vê, experimenta e sente. Significa, também, levar em conta as dificuldades inerentes ao fato de ser criança. Romper com o "mito da infância feliz" possibilita ao adulto perceber que a criança experimenta medos, angústias, humilhações, frustrações e incompreensões. Ela, portanto, demanda dele uma intervenção educativa que integre seu cuidado e sua educação de maneira indissociável.

A educação infantil na perspectiva da educação inclusiva

A legislação brasileira estabelece que a educação inclusiva inicia-se na creche e deve acompanhar o estudante em todos os níveis, etapas e modalidades de ensino.

> Conforme a Política Nacional de Educação Especial na Perspectiva da Educação Inclusiva, o objetivo dessa política é:
>
>> [...] assegurar a inclusão escolar de alunos com deficiência, transtornos globais do desenvolvimento e altas habilidades/superdotação, orientando os sistemas de ensino para garantir: acesso ao ensino regular, com participação, aprendizagem e continuidade nos níveis mais elevados do ensino; transversalidade da modalidade de educação especial desde a educação infantil até a educação superior; oferta do atendimento educacional especializado; formação de professores para o atendimento educacional especializado e demais profissionais da educação para a inclusão; participação da família e da comunidade; acessibilidade arquitetônica, nos transportes, nos mobiliários, nas comunicações e informação; e articulação intersetorial na implementação das políticas públicas.
>
> Fonte: BRASIL. Política Nacional de Educação Especial na Perspectiva da Educação Inclusiva. Brasília, 2008. Disponível em: http://portal.mec.gov.br/arquivos/pdf/politicaeducespecial.pdf. Acesso em: 8 fev. 2023.

Em consonância com os princípios de uma educação inclusiva, as DCNEIs propõem um olhar acolhedor para todas as crianças, em particular aquelas com deficiência, transtornos globais de desenvolvimento e altas habilidades/superdotação. Esse olhar acolhedor deve se materializar no planejamento e desenvolvimento de situações de aprendizagem que considerem a liberdade e a participação dessas crianças nos processos educativos. Para tanto, é fundamental que haja acessibilidade de espaços, de materiais, de objetos, de brinquedos, de procedimentos e de formas de comunicação e orientação (Brasil, 2009: 11).

Ainda na perspectiva de uma educação para todas as crianças capaz de considerar a diversidade, as DCNEIs advogam pelo combate ao racismo e às discriminações de gênero, socioeconômicas, étnico-raciais e religiosas, sugerindo constante reflexão e intervenção adequada, no cotidiano da educação infantil.

Segundo as DCNEI, a valorização da diversidade das culturas deve expressar-se por meio de brinquedos, imagens e narrativas que promovam a construção, pelas crianças, de uma relação positiva com seus grupos de pertencimento. Compete às profissionais, em parceria com as famílias e a comunidade, possibilitar vivências éticas e estéticas entre as crianças dos mais diferentes grupos culturais, que alarguem seus padrões de referência e de identidades no diálogo e reconhecimento da diversidade.

A integralidade do desenvolvimento infantil

A criança apreende o mundo na sua totalidade. Dessa premissa resultam dois aspectos que nos permitem pensar uma organização das instituições educativas que respeite a criança e sua maneira de estar no mundo.

Um primeiro aspecto refere-se à necessidade de as práticas pedagógicas, na educação infantil, se comprometerem com o alargamento das experiências culturais das crianças, de maneira que se articulem saberes da experiência, fruto das vivências das crianças, com os conhecimentos que fazem parte do patrimônio cultural na perspectiva da formação humana. Essa articulação refere-se, portanto, à integralidade e à indivisibilidade das dimensões expressivo-motora, afetiva, cognitiva, linguística, ética, estética e sociocultural entre si e de cada uma delas em relação aos saberes da experiência infantil.

Em segundo lugar, essa integralidade refere-se, também, à indissociabilidade entre as ações de cuidar e de educar. As experiências infantis são fruto das relações entre razão e emoção, expressão corporal e verbal, experimentação prática e elaboração conceitual. Os atos de alimentar, dar banho, trocar fraldas, ensinar a controlar os esfíncteres, orientar a escolha do que vestir, ministrar um medicamento, medir a temperatura corporal, dentre tantos outros, além de serem práticas que consideram o direito da criança de ser bem atendida e de ver respeitada a sua dignidade como ser humano, são práticas que "respeitam e atendem ao direito da criança de apropriar-se, por meio de experiências corporais, dos modos estabelecidos culturalmente de alimentação e promoção de saúde, de relação com o próprio corpo e consigo mesma, mediada pelas professoras e professores que intencionalmente planejam e cuidam da organização dessas práticas" (Brasil: 2009: 10).

Ênfase na dimensão cultural

O trabalho com o conhecimento sistematizado na educação infantil deve estar articulado ao objetivo de expandir os conhecimentos da criança sobre o mundo, de garantir a ela respostas para as questões que ela própria formula e de assegurar um repertório que amplie sua vontade de conhecer e de fazer novas perguntas. A definição de quais serão os conhecimentos a serem trabalhados deve respeitar o processo de aprendizagem da criança, seu ritmo, suas estratégias, suas indagações, suas capacidades e competências. Sobretudo, trata-se de consolidar um processo educativo que aborde os conteúdos e os conhecimentos científicos como instrumentos de interação e como apoio ao pensamento da criança e à sua expressividade. A melhor prática educativa na educação infantil será, portanto, aquela capaz de levar a criança a utilizar os objetos do conhecimento como instrumentos para compreender o mundo, interpretá-lo, problematizá-lo e construir seus próprios significados. Nessa perspectiva, a professora trabalha com os conhecimentos socialmente produzidos como instrumentos para o resgate da dimensão cultural da ação pedagógica e se torna, assim, agente de cultura.

Condições materiais para uma educação infantil de qualidade

A proposta pedagógica aqui desenhada requer, para sua efetividade, a criação de um ambiente que estimule a imaginação e a criatividade das crianças. É importante que os espaços sejam organizados tendo em vista a perspectiva infantil e o desafio de assegurar à criança experiências variadas e estimulantes. A organização do espaço físico e dos móveis, equipamentos e materiais deve ser pensada a partir daquilo que a criança pode ver, tocar e admirar e com o que pode se encantar; espaços que permitam o livre acesso das crianças e que sejam organizados de tal maneira que elas possam ver e tocar os brinquedos, livros e materiais, orientando, assim, as suas escolhas.

As mesmas orientações devem ser observadas nas salas dos bebês, permitindo que, ao engatinharem pelo espaço, se deparem com ilustrações, imagens, brinquedos, panos, tapetes de diferentes texturas.

Pequenos ambientes devem ser criados nos quais as crianças possam se sentir seguras, protegidas, acolhidas e, ao mesmo tempo, experimentar sua autonomia e individualidade.

Considerando a importância do jogo de faz de conta como elemento constitutivo da cultura infantil, as creches e as pré-escolas podem organizar ambientes coletivos para que as crianças brinquem de casinha, de salão de beleza, de livraria, de supermercado, de hospital, de vendinha, escolhendo e inventando personagens, regras e histórias com os colegas.

Finalmente, mas não menos importante, é preciso assegurar às crianças experiências variadas em diferentes espaços e nos quais possam ter acesso a materiais e vivências diversificadas.

Figura 9 – Pintura na parede. Crianças do berçário. EMEI de Belo Horizonte

Fonte: Acervo pessoal da professora Thays Pierangeli

Educação infantil

Figura 10 – Leitura na turma de crianças de 1 a 2 anos. EMEI de Belo Horizonte

Fonte: Acervo pessoal da professora Thays Pierangeli

**Figura 11 – Crianças da turma de pré-escola medindo
o tamanho de um dinossauro em EMEI de Belo Horizonte**

Fonte: Acervo pessoal da professora Patrice Dias

EM OUTRAS PALAVRAS

Neste capítulo, partimos da noção de que a infância é uma construção social e não um fenômeno natural. A interação que se estabelece entre os indivíduos pertencentes aos diversos grupos sociais, bem como entre eles e suas respectivas produções culturais, é o que dá forma a essa construção. Além disso, ao concebermos a criança como um ator social, levamos em conta sua capacidade de interagir em sociedade e de utilizar os meios e os símbolos nela existentes, atribuindo-lhes sentido e integrando suas próprias representações às demais que circulam nessa sociedade. Nessa perspectiva, o universo infantil, suas crenças, seus valores e suas produções culturais se tornam elementos constitutivos dessas interações e, em especial, das que se estabelecem entre infância e mundo adulto. Para compreender a cultura infantil e a infância de uma maneira geral, é imprescindível, pois, considerar o contexto social no qual essa cultura se insere.

Para finalizar, é importante destacar que a apropriação dos conhecimentos sistematizados promove profundas modificações nos indivíduos e na sua relação com o mundo, possibilitando-lhes a construção de significados, novas formas de interação, representações, e maneiras próprias de elaborar o pensamento. As crianças, como sujeitos socioculturais, têm direito de aceder ao conhecimento socialmente elaborado não apenas porque, como bens culturais, esses conhecimentos devem ser socializados entre os indivíduos dos diferentes agrupamentos sociais, mas, sobretudo, por ser condição indispensável para a inclusão desses sujeitos na sociedade.

Além de exercerem influência na forma como a infância se constitui na sociedade contemporânea, de serem ferramentas fundamentais para a inserção desse grupo social e de serem objetos de interesse das crianças, os conhecimentos sistematizados podem e devem ser trabalhados por meio de estratégias de aprendizagem, capazes de respeitar as características da primeira infância. Sua socialização deve, portanto, ser coerente com o universo infantil, com sua forma lúdica de construir significados para o que se faz, para o que se vê e para aquilo que se experimenta.

AMPLIANDO O DEBATE

Na palestra "O inegociável na Pedagogia da Educação Infantil" realizada em uma live, a professora Júlia Formosinho define *pedagogia* como sendo o lugar da ação, da pesquisa e da investigação e ressalta a natureza praxiológica da ação pedagógica. Isto é, o saber pedagógico é compreendido como um conhecimento ligado ao cotidiano, que acontece na interatividade do mundo das crianças com o mundo dos adultos, dos pedagogos. Essa ênfase na natureza praxiólogica da ação pedagógica é o que ressaltamos ao longo deste capítulo. Ou seja, a constituição de uma pedagogia da primeira infância está fundamentada na maneira peculiar com que bebês, crianças bem pequenas e crianças pequenas constroem conhecimentos, se apropriam de conceitos e estabelecem uma maneira muito própria de ver o mundo. Dessa premissa decorre a noção de que o cotidiano, o dia a dia das crianças, é fonte primária para a estruturação dos tempos, dos espaços e da ação pedagógica em creches e pré-escolas. A gravação da live está disponível em: https://www.youtube.com/watch?v=940Y57BaYbE&list=PL4LE_HO8vJbSFBXMk4fVCHbVDFOBnA0QS&index=3 (acesso em 15 mar. 2023).

Bianca Salazar Guizzo, Lucia Balduzzi e Arianna Lazzari, autoras do artigo "Protagonismo infantil: um estudo no contexto de instituições dedicadas à educação da primeira infância", tomam como referência os conceitos de Pedagogia da Infância e de Pedagogia do Cotidiano – elaborados por pesquisadores/as como Júlia Oliveira-Formosinho, Maria Carmem Barbosa, Paulo Fochi –, e relatam observações que realizaram em instituições de educação infantil na cidade de Bolonha, Itália. Constatam que tanto os espaços como a atuação das docentes incentivam a construção da autonomia e da independência das crianças. A leitura desse artigo pode auxiliar você a compreender melhor princípios fundamentais que orientam a pedagogia da primeira infância e que, muitas vezes, pela escassez de propostas brasileiras fundamentadas nessa concepção, tornam-se demasiadamente abstratas e teóricas.

Referências

BRASIL. Lei nº. 9394/96. Estabelece as diretrizes e bases da educação nacional. *Diário Oficial da União*, Brasília/DF, 23 dez. 1996. Disponível em https://www.planalto.gov.br/ccivil_03/leis/l9394.htm Acesso em: 15 dez. 2022.

BRASIL. Política Nacional de Educação Especial na Perspectiva da Educação Inclusiva. Brasília, 2008. Disponível em: http://portal.mec.gov.br/arquivos/pdf/politicaeducespecial.pdf. Acesso em: 08 fev. 2023.

BRASIL. Ministério da Educação. Conselho Nacional de Educação. Câmara de Educação Básica. Fixa as Diretrizes Curriculares Nacionais para a Educação Infantil. Parecer CNE/CEB 20/2009. *Diário Oficial da União*, Brasília, 9 dez. 2009, Seção 1, P. 14. Disponível em http://portal.mec.gov.br/dmdocuments/pceb020_09.pdf Acesso em: 14 dez. 2022.

CARROLL, Lewis. *Aventuras de Alice no país das maravilhas* & *Através do espelho e o que Alice encontrou por lá*. Rio de Janeiro: Zahar, 2009.

FORMOSINHO-OLIVEIRA, Júlia. O inegociável na Pedagogia da Educação Infantil. *V Jornada de Educação Infantil – Conferência de Abertura*. Unisinos, 26 out. 2020. Disponível em: https://www.youtube.com/watch?v=940Y57BaYbE&list=PL4LE_HO8vJbSFBXMk4fVCHbVDFOBnA0QS&index=2. Acesso em: 30 set. 2022.

GUIMARÃES ROSA, J. *Grande sertão*: veredas. Rio de Janeiro: Nova Fronteira, 1986.

GUIZZO, Bianca Salazar; BALDUZZI, Lucia e LAZZANI, Arianna. Protagonismo infantil: um estudo no contexto de instituições dedicadas à educação da primeira infância em Bolonha. *Educar em Revista*, Curitiba, mar.-abr., v. 35, nº 74. 2019, p. 271-289. Disponível em: https://www.scielo.br/j/er/a/Q8GkJhftbBCQn6jgxK3Jxvg/?lang=pt Acesso em: 30 set. 2022.

UNIVERSIDADE FEDERAL DE MINAS GERAIS. *Universidade das crianças*. Página inicial. (Universidade das Crianças UFMG é um projeto de divulgação científica, que trabalha com crianças em oficinas e na produção de curtas de animação, textos ilustrados, áudios e livros. Você vai encontrar aqui algumas perguntas que as crianças nos fizeram durante os nossos encontros – sobre corpo humano, outros animais, plantas, astronomia e outros assuntos.) Disponível em https://www.universidadedascriancas.fae.ufmg.br/#projeto. Acesso em: 15 dez. 2022.

VYGOTSKY, L. S. *Obras Escogidas III*. Problemas del desarrollo de la psique. Madrid: Visor, 1995.

Profissionais da educação infantil: qual formação? Qual trabalho?

A educação infantil, como toda a educação, é ao mesmo tempo um campo de trabalho e emprego de trabalhadores da educação em sentido amplo, como também lugar e espaço de educação e cuidado coletivos de crianças de 0 até 6 anos de idade. Neste capítulo, vamos tratar das características da formação e do trabalho docente, bem como da identidade das trabalhadoras na/da educação infantil, ressaltando as informações, as mais disponíveis, relativas às docentes que atuam em creches e pré-escolas.

Antes, porém, é preciso refletir acerca do que consideramos *trabalho docente*.

> A categoria *trabalho docente* pode ser entendida em duas dimensões. Abarca tanto as pessoas que atuam no processo educativo nas creches/escolas, nas suas diversas caracterizações de cargos, funções, tarefas, formação, especialidades e responsabilidades, determinando suas experiências e identidades, bem como as atividades laborais realizadas.
> É, portanto, uma categoria que compreende o conjunto de atividades e relações presentes nas instituições educativas, extrapolando a atuação em sala de aula ou em grupos de bebês e crianças pequenas. Essa definição está baseada no verbete elaborado por Dalila A. Oliveira para o dicionário *Trabalho, profissão e condição docente*, que se encontra em www.gestrado.net.br.

Vamos nos orientar pelas seguintes questões: quais são as bases legais para a formação e a valorização profissional na educação infantil? Qual é a formação requerida para atuar como docente na educação infantil? Quem são as profissionais que estão atuando na educação infantil? O que fazem e em que condições? Quais são as denominações, as atribuições, os vínculos trabalhistas, os principais empregadores das trabalhadoras da educação infantil? Que aspectos têm marcado o processo de valorização profissional na educação infantil?

É preciso ter em mente que além das professoras, outras profissionais estão presentes no trabalho e nas atividades desenvolvidas em interação direta com os bebês e as crianças pequenas, em creches e pré-escolas. Nós podemos conhecer sobre essas outras profissionais, chamadas genericamente de auxiliares, com informações disponibilizadas pelos censos escolares. No entanto, são informações que precisam ser melhoradas, sendo esse um dos desafios do órgão responsável pelas estatísticas educacionais. Uma maneira de superar essa dificuldade tem sido a realização de pesquisas que analisam editais públicos de concursos promovidos pelas prefeituras municipais. Ao determinarem quais os cargos, qual a formação requerida e que tipo de trabalho deverá ser realizado, é possível saber que há uma diversidade de denominações, relacionadas às funções a serem exercidas, variando também a remuneração recebida e o *status* profissional.

Os resultados de pesquisas acadêmicas também nos ajudam a elucidar a diversidade de situações trabalhistas, ao estudar realidades específicas, por meio de estudos de caso.

Os debates que envolvem temáticas relacionadas à profissão docente na educação infantil devem considerar, portanto, a diversidade de pessoas que exercem por vezes as mesmas funções, sem apresentarem a formação requerida por lei, com carreiras profissionais diferenciadas, convivendo no interior de creches e pré-escolas. Essa pluralidade de denominações, de funções e de *status* profissional, presente nos diversos contextos da educação infantil, exige esforços de pesquisa visando conhecer e avaliar as condições de trabalho dessas profissionais.

Outro aspecto que precisa ser salientado, antes de dar continuidade ao texto, refere-se à principal característica do trabalho na educação infantil. Trata-se da presença quase universal de mulheres atuando como docentes, como auxiliares, como trabalhadoras nesta etapa da educação básica. Por esse motivo, mesmo que venha sendo observado um relativo aumento da participação de homens na docência nesta área, vamos usar na maioria das vezes o gênero feminino gramatical.

PROFISSIONAIS DA EDUCAÇÃO INFANTIL: RETROSPECTIVA

Pajens, babás, crecheiras, recreadoras, jardineiras, educadoras, agentes, auxiliares do desenvolvimento infantil, auxiliares de educação infantil, professoras são títulos ocupacionais, especialmente de mulheres, que, ao longo da história da educação infantil, no Brasil e no mundo, ocuparam-se da educação e cuidado coletivos de crianças pequenas em instituições específicas, não domésticas, como creches, escolas maternais, jardins de infância, pré-escolas e equivalentes.

Essa diversidade de figuras nos faz perguntar: qual formação foi requerida para o trabalho nessas instituições? Quais conhecimentos eram e são considerados necessários para o trabalho com as crianças nessas instituições? Quais são as condições de trabalho?

Para responder a essas questões, retomaremos alguns elementos da história do atendimento das crianças pequenas, trabalhados no capítulo "Educação da primeira infância: bases históricas", e ampliaremos outros, buscando realizar um breve panorama da história mais recente da expansão da oferta de creches e pré-escolas nos últimos 40 anos no Brasil e seu processo de integração ao sistema educacional. Essa retomada e essa ampliação nos ajudarão a melhor compreender as características da formação, do trabalho e da profissão docente na educação infantil, bem como os desafios para a valorização profissional.

Vimos nesse capítulo que, de modo geral, a expansão da educação infantil no Brasil, com o aumento da oferta de vagas em creches e pré-escolas e do número de estabelecimentos, ocorreu a partir do final dos anos 1970 e obedeceu às principais tendências observadas nos grandes municípios brasileiros no período. *Grosso modo*, ao lado da criação de alguns jardins de infância (ou equivalentes) e de classes pré-escolares, anexas às escolas primárias, que se multiplicaram de forma lenta ao longo dos primeiros 60 anos do século XX, em geral sob responsabilidade das Secretarias de Estado da Educação, surgiram outras modalidades de oferta por meio de programas apoiados pelo Ministério da Educação e pela antiga Legião Brasileira de Assistência (LBA), órgão do Ministério da Previdência e Assistência Social, que existiu até 1995.

Criado em 1981, o Programa Nacional de Educação Pré-Escolar, do Ministério da Educação, contou com a atuação decisiva do antigo Movimento Brasileiro de Alfabetização, o Mobral, para a implantação de classes pré-escolares em parceria com as prefeituras municipais ou entidades sociais, nas quais trabalhavam as "monitoras", professoras ou estagiárias, sem vínculos formais de trabalho, e em geral sem o curso normal de magistério. No âmbito da assistência social, a LBA lançou, em 1977, o "Projeto Casulo", que, por meio de convênios com entidades sociais e prefeituras, apoiava com repasses de recursos financeiros uma pequena parte das necessidades para a manutenção ou a criação de creches. Embora a LBA tenha sido extinta em 1995, essa forma de atuação, por meio de convênios entre a área de assistência social do governo federal e as prefeituras ou as entidades sociais, persistiu até o início dos anos 2000.

Impulsionados pelos movimentos sociais por creches que emergiram nos centros urbanos, no contexto das lutas pelas liberdades democráticas em um Brasil que ainda vivia sob a égide de um regime político autoritário, esses programas tinham o propósito de atender às crianças dos meios populares, cujo acesso à educação infantil era extremamente deficitário. De acordo com o Diagnóstico Nacional da Educação Pré-escolar, realizado pelo Ministério da Educação em 1975, as crianças brasileiras de famílias com menor nível socioeconômico estavam fora de qualquer acesso às pré-escolas, jardins de infância ou escolas maternais.

Importante nunca esquecer que o período dos governos militares no Brasil teve duração de 20 anos, entre os anos de 1964 a 1984. Durante quase 30 anos, não tivemos eleições presidenciais e, portanto, as decisões acerca das políticas públicas eram fruto de deliberações das quais a sociedade civil não participava. As eleições diretas para presidência da República, após a última em 1960, só foram ocorrer em 1989. Interessante pensar que, por um lado, se não havia a participação popular nos processos de deliberação, por outro, na oferta e na gestão do atendimento, eram as mulheres das comunidades quem mais se envolviam e se responsabilizavam por ele. E era em atuação conjunta com as ações já tradicionais das Secretarias de Estado da Educação e de alguns municípios que organizavam jardins de infância e/ou classes anexas de pré-primário. Assim, foram implantados esses novos programas em espaços improvisados, emprestados de igrejas, de obras sociais, de clubes esportivos, ou alugados, e em creches comunitárias, sendo que, para sua gestão, contavam com o protagonismo feminino, representado por mulheres das classes populares, organizadas sobretudo em torno das Comunidades Eclesiais de Base, as CEBs, de paróquias da Igreja Católica. Sua atuação começava desde o levantamento da situação das crianças, filhos de mães trabalhadoras, até a criação e operação das creches comunitárias nas periferias dos grandes centros urbanos brasileiros. Para a implantação dessas creches, foram buscados convênios com órgãos públicos, tanto federais como estaduais e municipais das áreas da assistência social, do bem-estar do menor e da educação.

> As Comunidades Eclesiais de Base (CEB) se constituíram sobretudo a partir dos anos 1960 como organismos da Igreja Católica que se caracterizavam por: (a) celebração dominical realizada por leigos ou leigas; (b) ampla participação na tomada de decisões, geralmente por meio de assembleias; e (c) ligação entre a reflexão bíblica e a ação na sociedade. Frei Betto nos conta que existiam mais de 80 mil dessas comunidades no Brasil em meados da década de 1970, que se constituíram sob o ideário da Teologia da Libertação na América Latina. Com ampla participação de mulheres de bairros populares, tiveram papel fundamental na luta por creches no Brasil nesse período. Para saber mais, consulte: http://www.dhnet.org.br/direitos/militantes/freibetto/livro_betto_o_que_e_cebs.pdf.

Vimos no primeiro capítulo que a creche foi a principal bandeira de luta que unificou o movimento feminista no Brasil nesse período. O protagonismo feminino, portanto, não se restringiu às CEBs. Em Belo Horizonte, por exemplo, foi criada a Associação Casa da Vovó por mulheres, profissionais de várias áreas, que lutavam pela Anistia política e que apoiavam as creches comunitárias. Em várias capitais, o movimento feminista, representado pelos jornais *Mulherio* e *Brasil Mulher*, exemplos mais proeminentes, também teve papel fundamental na divulgação da luta por creches, por meio da realização de congressos e de manifestações em comemoração ao Dia Internacional da Mulher, 8 de março.

Na maioria das vezes, as mulheres que se ocupavam da educação dessas crianças nessas creches não possuíam escolaridade sequer de ensino médio. Em geral, no caso das creches/pré-escolas comunitárias, conveniadas com a LBA ou outros órgãos públicos da assistência social das diferentes esferas federativas – municipais, estaduais ou federal, e mesmo as que eram vinculadas diretamente aos municípios, as profissionais apresentavam baixa escolaridade, isto é, ensino fundamental completo ou incompleto. Nesse período, as informações sobre a escolaridade e a formação dessas mulheres não eram conhecidas, não faziam parte de levantamentos sobre o atendimento na área, e esta exigência não parecia ser critério para atuar no cuidado e educação de crianças pequenas.

As mulheres que atuavam nessas instituições recebiam diferentes denominações conforme a instituição empregadora, que podia ser a prefeitura municipal, as entidades filantrópicas ou comunitárias ou as particulares. Eram chamadas de "monitoras", "pajens", "crecheiras", por exemplo. Os vínculos de trabalho eram precários, praticamente inexistentes, e a remuneração era incerta. Essa realidade foi estudada nas investigações que começavam a surgir nos programas de pós-graduação, na década de 1980, sobretudo da região do Sudeste brasileiro, e em alguns estudos empreendidos no âmbito de algumas administrações municipais.

A partir de meados da década de 1990, acentua-se o processo de municipalização da educação pré-escolar, entendida como educação da criança de 4 a 6 anos de idade, cuja oferta era principalmente organizada pelas Secretarias de Estado de Educação. Progressivamente houve o crescimento das pré-escolas a cargo dos municípios, sendo que o atendimento às crianças de 0 a 3 anos predominava nas entidades conveniadas com o poder público, seja federal, estadual ou municipal. Contávamos, nesse período, com informações muito frágeis sobre o perfil, a formação e as condições de trabalho das professoras e outros sujeitos que se ocupavam diretamente da gestão das unidades e da educação das crianças, seja na oferta pública, seja na privada.

O quadro histórico brevemente descrito, cujas características prevaleceram nos anos de 1980 e 1990, vem sofrendo modificações nessas primeiras décadas do século XXI, a partir do qual é possível verificar novas concepções que se refletem na legislação educacional. Observamos um processo de profissionalização na educação infantil, processo que acompanha as transformações nos modos de socialização e educação das crianças pequenas nas nossas sociedades, e que trazem consequências para a valorização do trabalho na área. Cada vez mais podemos observar a presença de bebês e de crianças pequenas cuidadas e educadas em espaços não domésticos e que demandam adultos qualificados, com formação pedagógica específica, para educar e cuidar. Esses novos modos de socialização e educação são condicionados por transformações na sociedade, tais como o processo crescente de urbanização, mudanças na organização das famílias, sobretudo pelo incremento da presença de mulheres-mães no mercado de trabalho e pela nova concepção da criança, como sujeito de direitos, entre os quais o direito à educação.

Esse processo de institucionalização ou formalização da educação infantil nos sistemas de ensino, com a emergência da professora como sendo a profissional desta etapa da educação básica, pode ser observado na legislação educacional vigente desde 1988, conforme veremos a seguir.

FORMAÇÃO E VALORIZAÇÃO PROFISSIONAL: BASES LEGAIS

Quando falamos em bases legais queremos dar destaque à legislação educacional com abrangência nacional, que sustenta o nosso entendimento de quem é a profissional da educação infantil.

A Constituição Federal de 1988 (CF 88), como já foi referido no capítulo "Bases legais do direito à educação infantil", é o marco mais importante, ao incluir a oferta de creches e pré-escolas no capítulo da educação, cuja garantia é dever do Estado e atribuição dos municípios. Com isso, ficou instituído que a criança de 0 até 6 anos de idade tem direito à educação, organizada pelos sistemas de ensino.

Em seguida, ainda nesse capítulo, destacamos a Lei de Diretrizes e Bases da Educação Nacional (LDBEN), de 1996, que disciplina a educação escolar, entendida como aquela educação que se desenvolve, predominantemente, por meio do ensino, em instituições próprias, integradas aos sistemas de educação. Vimos também que esta lei trata da organização da educação nacional, dos níveis e etapas da educação escolar, dos profissionais, do financiamento, e se aplica a todas as instituições de ensino públicas e privadas, da educação básica e da educação superior. A LDBEN estabeleceu que a educação infantil, sendo direito da criança e dever do Estado, é a primeira etapa da educação básica.

E, por último, o Plano Nacional de Educação (PNE), de 2014, aprovado por lei específica, estabelece um conjunto de metas e estratégias visando dois objetivos principais: a democratização do acesso nas diferentes etapas, modalidades e níveis de ensino, bem como a qualidade da oferta educacional. Entre suas metas, ressaltamos aquelas que se aplicam diretamente à expansão do atendimento e à formação e valorização dos profissionais da educação.

Nessa legislação educacional, a educação infantil é concebida como integrada à educação escolar brasileira. Assim, a ela também se aplicam todos os princípios que regem a educação nacional e que constam do art. 206º da CF 88. Entre os princípios realçamos aqueles mais diretamente relacionados aos profissionais, que estão nos seguintes incisos do art. 206º:

V. valorização dos profissionais da educação escolar, garantidos, na forma da lei, planos de carreira, com ingresso exclusivamente por concurso público de provas e títulos, aos das redes públicas;
VI. gestão democrática do ensino público, na forma da lei;
VII. a garantia de padrão de qualidade;
VIII. piso salarial profissional nacional para os profissionais da educação escolar pública, nos termos da lei federal.

Tais princípios que se relacionam com a valorização profissional, em que se integram os planos de carreira, o ingresso por concurso público e o piso salarial nacional, foram introduzidos por meio de emendas constitucionais, defendidas pelos movimentos de professores, que se fortaleceram nas lutas sindicais docentes, pós-Constituinte.

A garantia de padrão de qualidade na oferta educacional, em todos os níveis e etapas da educação, tem como um de seus condicionantes a formação e a valorização dos profissionais da educação.

Na LDBEN, em versão atualizada após 2007, foram definidos quem são os profissionais da educação básica, como deve ser a sua formação e quais são os elementos que fazem parte da valorização profissional. Essa definição foi decorrência da aprovação do Fundo de Manutenção e Desenvolvimento da Educação Básica e Valorização dos Profissionais da Educação (FUNDEB), em 2007.

Outros documentos normativos produzidos pelo Conselho Nacional de Educação (CNE) devem ser considerados, pois têm o papel de orientar os entes federados e as instituições formadoras nos aspectos das condições de trabalho (remuneração e carreira), bem como da formação inicial.

Mencionamos:

- A Resolução CEB/CNE n. 2/2009 – Diretrizes Nacionais para Planos de Carreira e Remuneração dos Profissionais do Magistério da Educação Básica Pública;
- A Resolução CEB/CNE n. 5/2010 – Diretrizes Nacionais para os Planos de Carreira e Remuneração dos Funcionários da Educação Básica;

- A Resolução CNE/CP n. 2/ 2015 – Diretrizes Curriculares Nacionais para a formação inicial em nível superior (cursos de licenciatura, cursos de formação pedagógica para graduados e cursos de segunda licenciatura) e para a formação continuada.
- O Parecer CNE/CP n. 22/2019, 7 novembro 2019 – Diretrizes Curriculares Nacionais para a Formação Inicial de Professores para a Educação Básica e Base Nacional Comum para a Formação Inicial de Professores da Educação Básica (BNC-Formação);

Entre os profissionais da educação, estão todos aqueles em efetivo exercício da profissão e que tenham sido formados em cursos reconhecidos, segundo as seguintes "categorias":

a. professores habilitados em nível médio ou superior para a docência na educação infantil e nos ensinos fundamental e médio;
b. trabalhadores em educação portadores de diploma de pedagogia, com habilitação em administração, planejamento, supervisão, inspeção e orientação educacional, bem como com títulos de mestrado ou doutorado nas mesmas áreas;
c. trabalhadores em educação, portadores de diploma de curso técnico ou superior em área pedagógica ou afim. Estes últimos se referem aos funcionários de escola, que em geral atuam em área diferente da docência, no apoio administrativo-financeiro nas creches/escolas. Assim, conforme o art. 61º, as professoras da educação infantil são consideradas profissionais da educação escolar.

A formação para a docência na educação básica foi especificada no art. 62º da LDBEN, no qual se estabelece que a formação deve se dar em nível superior, em curso de licenciatura plena. Admite-se, no entanto, como formação mínima para o exercício do magistério na educação infantil e nos cinco primeiros anos do ensino fundamental, a oferecida em nível médio, na modalidade Normal. Isso aponta para um horizonte desejável de formação docente, realizada em cursos superiores de licenciatura plena.

O curso de Pedagogia, de acordo com as Diretrizes Curriculares Nacionais para Formação de Professores e com as Diretrizes que se aplicam aos cursos de Pedagogia, tem como uma de suas missões formar docentes para a educação infantil, como também para os anos iniciais do ensino fundamental, atendendo também às modalidades relacionadas à educação de jovens e adultos e à educação especial.

Estamos de acordo com estudos do campo da educação da primeira infância que nos alertam para o fato de que os cursos de formação de professores para atuar na educação infantil devem levar em conta, sobretudo, as especificidades do trabalho pedagógico com crianças de 0 até 6 anos, que se configura de modo diferente do trabalho no ensino fundamental. Ao não terem acesso aos conhecimentos sobre como atuar com crianças nesta faixa etária, as docentes iniciantes tendem a reproduzir práticas "escolarizantes", que em geral não consideram os tempos e as demandas das crianças pequenas. Advogam que a formação inicial deveria fornecer conhecimentos sobre as concepções de educação infantil, de criança, como aprendem, desenvolvem, brincam. Conhecimentos que deveriam apoiar a docente a planejar uma prática pedagógica voltada para as necessidades e os interesses das crianças, respeitando o caráter lúdico das interações das crianças e suas diversas formas de expressar e aprender. Destacam também que a formação inicial deveria preparar os profissionais para ter um conhecimento aprofundado e extenso sobre desenvolvimento infantil, aprendizagem, linguagens, brincadeiras, avaliação, procedimentos de segurança e saúde. Formação que possa permitir desenvolver empatia para interagir com as crianças e as famílias e estar sensível para lidar com as questões de gênero, relações étnico-raciais, igualdade social e diversidade cultural. Contribuindo ainda para a organização de práticas que promovam a inclusão de crianças com deficiências, transtornos do espectro autista (TEA) e altas habilidades.

Outra dimensão que deve ser enfatizada, além da formação, é a da valorização profissional. Esta questão foi contemplada no art. 67º da LDBEN, com a seguinte redação, e se refere ao magistério público:

> Os sistemas de ensino promoverão a valorização dos profissionais da educação, assegurando-lhes, inclusive nos termos dos estatutos e dos planos de carreira do magistério público:
> I. ingresso exclusivamente por concurso público de provas e títulos;
> II. aperfeiçoamento profissional continuado, inclusive com licenciamento periódico remunerado para esse fim;
> III. piso salarial profissional;
> IV. progressão funcional baseada na titulação ou habilitação, e na avaliação do desempenho;
> V. período reservado a estudos, planejamento e avaliação, incluído na carga de trabalho;
> VI. condições adequadas de trabalho.

Condições de trabalho devem ser compreendidas como sendo tudo aquilo que concorre para o bem-estar no trabalho. Na educação infantil, considera-se, entre outros elementos, a existência de infraestrutura adequada nas instituições educacionais e recursos pedagógicos – biblioteca ou espaço de leitura, livros, brinquedos, equipamentos para uso de novas tecnologias de informação, espaços amplos externos e internos, parquinho, instalações adequadas aos bebês e crianças pequenas; a garantia de tempo disponível na carga horária de trabalho remunerado para a realização de atividades de planejamento; formação continuada; mecanismos de gestão democrática que possibilitem à comunidade escolar a construção de projetos político-pedagógicos e participação nas decisões escolares. Condições de trabalho também abarcam as relações trabalhistas como tipo de vínculo de trabalho, carreira – progressão funcional, remuneração, jornada de trabalho.

Quanto à remuneração, o Piso Salarial Nacional Profissional (PSNP) foi regulamentado pela Lei n. 11.738, de 16 de julho de 2008, sendo uma das mais relevantes conquistas para as docentes brasileiras.

No Plano Nacional de Educação – 2014/2024, Lei n. 13.005/2014, a formação e a valorização receberam atenção nas metas 15, 16, 17 e 18.

> **Plano Nacional de Educação – 2014/2024**
>
> Meta 15: garantir, em regime de colaboração entre a União, os Estados, o Distrito Federal e os Municípios, no prazo de 1 (um) ano de vigência deste PNE, política nacional de formação dos profissionais da educação de que tratam os incisos I, II e III do caput do art. 61º da Lei no 9.394, de 20 de dezembro de 1996, assegurado que todos os professores e as professoras da educação básica possuam formação específica de nível superior, obtida em curso de licenciatura na área de conhecimento em que atuam.
> Meta 16: formar, em nível de pós-graduação, 50% (cinquenta por cento) dos professores da educação básica, até o último ano de vigência deste PNE, e garantir a todos(as) os(as) profissionais da educação básica formação continuada em sua área de atuação, considerando as necessidades, demandas e contextualizações dos sistemas de ensino.
> Meta 17: valorizar os (as) profissionais do magistério das redes públicas de educação básica de forma a equiparar seu rendimento médio ao dos (as) demais profissionais com escolaridade equivalente, até o final do sexto ano de vigência deste PNE.
> Meta 18: assegurar, no prazo de 2 (dois) anos, a existência de planos de Carreira para os (as) profissionais da educação básica e superior pública de todos os sistemas de ensino e, para o plano de Carreira dos (as) profissionais da educação básica pública, tomar como referência o piso salarial nacional profissional, definido em lei federal, nos termos do inciso VIII do art. 206º da Constituição Federal.

> Estudos buscando acompanhar a implementação dessas metas mostram que não conseguimos realizá-las nos prazos requeridos. No portal "PNE em Movimento", organizado por diferentes entidades ligadas à Educação, você pode acompanhar a situação de cada meta do PNE, por região, estado, mesorregião ou município. Para acessar o portal, clique em http://simec.mec.gov.br/pde/grafico_pne.php.

A legislação brasileira sobre a educação nacional estabeleceu, portanto, elementos que definem alguns requisitos da trabalhadora e do trabalho na área, que deveriam ser atendidos. Ao definir que os docentes na educação básica devem ter formação superior em cursos de licenciatura, admitindo-se a formação em nível de ensino médio na modalidade Normal, para os que atuam na educação infantil e nos anos iniciais do ensino fundamental (art. 62º, LDBEN, 1996), essa legislação ensejou a interpretação de que a profissional da educação infantil é a docente, é a professora, é o professor.

Você deve se lembrar que, como vimos no capítulo "Bases legais do direito à educação infantil", a Constituição Federal reconheceu a autonomia dos municípios para organizar sistemas próprios de ensino e definiu como prioridade dos municípios a oferta de educação infantil e do ensino fundamental. Dessa maneira, instaurou a necessidade de atuação de conselhos municipais de educação na regulamentação da oferta pública e privada de educação infantil, ao lado dos conselhos estaduais, em consonância com a legislação nacional e as diretrizes normativas do Conselho Nacional de Educação (CNE). Com isso, algumas condições e critérios de atendimento foram estabelecidos, visando ao bem-estar das crianças, das famílias e dos profissionais, sob o impulso de parâmetros e indicadores de qualidade, de padrões mínimos da educação básica, bem como de diretrizes curriculares emanadas do Governo Federal, nos quais a formação em nível superior para o exercício da docência na educação básica é a condição desejável.

Mesmo com tais definições, que resultaram de lutas e negociações, envolvendo governos, trabalhadoras da educação, conselhos de educação, o Ministério Público, movimentos sociais, organismos internacionais e especialistas, a realidade nos mostra que estamos diante de muitos desafios para a valorização profissional na área. É o que vamos tratar no próximo tópico deste capítulo.

PERFIL DAS DOCENTES

Quando falamos em perfil das docentes, estamos nos referindo à construção de uma espécie de retrato típico de quem trabalha na educação infantil. Então nos referimos às variáveis como sexo, idade, raça/cor, vínculo trabalhista, formação inicial e continuada. Também queremos saber quantas são, quem são os principais empregadores, se pertencem a carreiras docentes.

O perfil e alguns aspectos das condições de trabalho dos sujeitos docentes na educação infantil no Brasil são apresentados a seguir, baseados em informações dos últimos censos escolares, produzidos pelo Instituto de Estudos e Pesquisas Educacionais Anísio Teixeira (INEP), do Ministério da Educação, como também de dissertações de mestrado e teses de doutorado elaboradas nos últimos anos.

A oferta de educação infantil cresceu significativamente desde 1999, configurando um lócus de trabalho em expansão, a cargo, principalmente, das secretarias municipais de educação. O Censo Escolar da Educação Básica de 2021 informou o total de 8.319.399 matrículas na educação infantil, sendo que os municípios são os principais responsáveis por esta oferta. Nas creches, 70,1% são matrículas municipais. Nas pré-escolas, as matrículas municipais representam 80,6% do total. Esses números mostram que as prefeituras municipais, em geral por meio de órgãos vinculados à educação, são os principais empregadores na educação infantil.

O Censo Escolar de 2021 nos informa um total de 595.397 funções docentes na educação infantil: 312.872 na creche e 322.850 na pré-escola. Veja que a soma da creche e pré-escola é maior que o total de docentes, pois o mesmo docente pode atuar tanto em uma como em outra subetapa. O principal empregador são os municípios. Nas creches, 67,1% dos docentes possuem algum vínculo de trabalho com o município. Na pré-escola, esse percentual aumenta para 73,5%.

Os vínculos de trabalho codificados pelo Censo Escolar são os seguintes: concursado/efetivo/estável, contrato temporário, contrato terceirizado, contrato CLT. Nas creches, 77,9% têm vínculo de concursado/efetivo/estável. O que indica que ingressaram por meio de concurso público, para cargos isolados ou inseridos em planos de carreira. Nas pré-escolas, são 74,8% nesta condição de efetivos.

Tanto creches como pré-escolas apresentaram uma porcentagem significativa de docentes com vínculos temporários: 19,1% e 24,0%, respectivamente. A presença de um quinto de docentes temporários nas creches e praticamente um quarto na pré-escola mostra que ainda é preciso investir na melhoria dos vínculos de trabalho que levam à estabilidade e à constituição de equipes profissionais que possam se dedicar à construção de projetos pedagógicos consistentes, evitando-se a frequente rotatividade de docentes.

O Censo Escolar nos informa sobre quatro tipologias de profissionais da educação: docentes, auxiliares, profissionais de libras e monitores. No conjunto da educação básica, a maioria das auxiliares estão presentes na educação infantil e apresentam situação mais desfavorável em comparação com as professoras: maior carga de trabalho, menor salário, maior frequência de contratos temporários, inexistência de plano de carreira, ou não pertencimento funcional ao quadro do magistério, e menos oportunidades de formação continuada.

Pesquisas realizadas durante a década de 1980, no município de São Paulo, já identificavam essas assimetrias, relacionando docência, qualidade e educação infantil. Evidenciaram situações diversas e desiguais em relação ao trabalho das professoras normalistas – que atuavam nas escolas municipais de educação pré-escolar, e das pajens – que atuavam nas creches também municipais.

O PNE 2014-2024 definiu como metas, a serem alcançadas durante o seu período de vigência, garantir que todos os profissionais docentes, neles incluídos aqueles da educação infantil, tenham "formação específica de nível superior, obtida em curso de licenciatura na área de conhecimento em que atuam" e "formação continuada em sua área de atuação, considerando as necessidades, demandas e contextualizações dos sistemas educacionais". Consultando dados do Censo Escolar de 2021, verifica-se que mais de 79,7% na pré-escola possuem graduação com licenciatura, sendo que na creche são 77,2%. Assim, o desafio é habilitar praticamente um quarto da docência na educação infantil até 2024. Por outro lado, evidencia a aproximação da educação infantil do desejável em termos de formação docente para atuar na educação básica, que é ter o curso superior de licenciatura plena. Em 2008, era muito menor o percentual de docentes com nível superior com licenciatura: na creche 42,1% e na pré-escola 48,1%.

É preciso também considerar a qualidade da formação. Predomina a formação em instituições não universitárias privadas – centros universitários e faculdades, que, em geral, oferecem uma formação menos abrangente por não desenvolverem as atividades de pesquisa e extensão de forma associada ao ensino. Representavam, em 2021, 60% das matrículas em cursos de licenciatura. Além disso, grande parte dos licenciandos brasileiros, da Pedagogia e outras licenciaturas, está sendo formada em cursos na modalidade a distância, tendência que vem se intensificando desde 2010. A essa situação soma-se a necessidade de adequação dos currículos para o trabalho com bebês e crianças pequenas, que envolvem conhecimentos em vários domínios.

Como já foi referido, o PNE também estabeleceu na Meta 18 que o rendimento médio das profissionais do magistério da educação infantil pública seja equiparado ao das demais profissionais da educação básica e também ao rendimento médio de outros/as profissionais com nível superior. Em 2015, somente 52,5% do corpo docente da educação básica tinha rendimento médio equivalente ao dos/as demais profissionais com a mesma escolaridade, de acordo com estudos realizados.

Por fim, em relação à meta do PNE que determinava até 2016 que todos os sistemas educacionais públicos tivessem planos de carreira docente com referência ao Piso Salarial Nacional para as Profissionais do Magistério Público da Educação Básica, sabe-se que, em 2014, cerca de 90% dos municípios brasileiros tinham "ações de regulamentação e de valorização da carreira do magistério".

No Brasil, observamos que existem situações diversificadas e desiguais de trabalho e emprego, em redes municipais e privadas de educação infantil. As situações são também desiguais se se trata da creche ou da pré-escola. O surgimento de novos sujeitos e de novos cargos/funções, em razão, sobretudo, da inserção de crianças de 0 a 3 anos nas creches nos sistemas de ensino, colaboraram para a diversificação das situações de trabalho e emprego.

Tais elementos, brevemente citados, concorrem para a existência de um perfil da docência na educação infantil brasileira nos dias atuais, que carrega consigo as características sociais e as desigualdades da inserção feminina nas atividades econômicas de modo geral. É nela que são encontradas as maiores frequências dos que auferem remuneração mais baixa, na faixa de um a dois salários-mínimos mensais, em relação aos docentes das outras etapas da educação básica, com a mesma formação, vínculo de trabalho e jornada semanal.

UMA SÍNTESE

Maurice Tardif e Claude Lessard são dois autores muito importantes no estudo sobre o trabalho docente. Para eles, o trabalho docente pode ser entendido sob dois pontos de vista complementares: o "trabalho codificado", que se relaciona com os aspectos formais e normativos, e "trabalho flexível" abarcando aspectos informais, variáveis, no exercício profissional. Além disso, o trabalho docente pode ser analisado em três dimensões: a "atividade", o "*status*" e a "experiência", que, inclusive, abrangem as grandezas "tempo" e "espaço".

Considerada pela ótica do "trabalho codificado", a docência na educação infantil é, no Brasil, socialmente reconhecida como uma profissão integrada ao corpo de profissionais da educação básica, realizada por um grupo de pessoas, geralmente, habilitadas, com formação especializada de licenciatura plena em curso de Pedagogia, nível superior, ou de magistério, nível médio, e que atuam em um campo relativamente protegido pela legislação educacional e guardado por coletivos de trabalhadoras, associações de especialistas e entidades sindicais.

Essa ocupação é desempenhada, conforme tempos e espaços demarcados, dentro de um quadro organizacional e de um sistema de ensino relativamente estáveis e uniformes. As unidades que ofertam creche e pré-escola, ainda que distintas entre si, possuem uma estrutura semelhante e um modo de funcionamento parecido. E no plano das atividades didáticas e da vida cotidiana, o trabalho docente segue diretrizes de políticas e programas e se apoia em tradições e abordagens amplamente compartilhadas. Considere-se, por exemplo, as Diretrizes Curriculares Nacionais da Educação Infantil aprovadas, em 2009, pelo Conselho Nacional de Educação.

Existe, pois, uma rede de obrigações e exigências de natureza diversificada, legais e sociais, integrada por um conjunto de padrões e atribuições específicas, que confere a esse ofício uma realidade particular.

O enfoque no "trabalho flexível", por sua vez, ressalta as ambiguidades, indeterminações e incertezas que permeiam a dedicação ao cuidado e à educação das crianças pequenas. Os seres humanos não são redutíveis a regras gerais e a modelos preestabelecidos, e na docência há uma grande variedade de tarefas a serem cumpridas, que seguem lógicas distintas e demandam diferentes níveis de engajamento e tipos de habilidades.

Analisada como "atividade", a docência na educação infantil se apresenta como um conjunto de ações de cuidado e educação que se desenvolve na transmissão e na indagação da memória cultural, seja na consolidação de hábitos de higiene, alimentação e repouso, seja na construção de representações éticas, políticas, estéticas e científicas da realidade, por meio de tarefas, dinâmicas e brincadeiras.

A dimensão do *status* não se limita ao regime jurídico da ocupação nem à sua posição no quadro institucional. Abrange a formação das identidades e suas representações no ambiente de trabalho, no sistema educacional e na sociedade em geral, bem como a maneira como as trabalhadoras da creche e pré-escola se constituem, pessoalmente e coletivamente, como sujeitos docentes, como se veem e como são vistas, avaliadas e valorizadas.

A docência também pode ser abordada em função da "experiência" e entendida sob diferentes perspectivas. A princípio, como um processo de aprendizagem e de composição de um repertório de certezas, crenças e hábitos, que garantem certa previsibilidade a respeito das ocorrências frequentes ou similares. Docentes experientes são aquelas pessoas que passaram por diversas situações e, no enfrentamento às adversidades, assimilaram as manhas do ofício e desenvolveram estratégias para solucionar problemas típicos. É a essa noção de experiência que muitas trabalhadoras da educação infantil se remetem para justificar suas competências e saberes profissionais, em contraste com a formação e o conhecimento acadêmico.

A docência acontece mesmo em condições consideradas inadequadas e se realiza mesmo em interações nas quais a pessoa adulta, responsável docente pela criança na creche e pré-escola, não ocupa o cargo de "professora" e/ou não tem a formação necessária e específica para desempenhar essa função com êxito, segundo a legislação.

Ou seja, o trabalho docente pode existir malgrado a sua situação adversa, o seu desempenho aquém do esperado e a sua ineficácia em termos de resultados. Afinal, a realidade da docência está na relação instaurada, no envolvimento educacional com as crianças. O que varia não é a existência ou não do processo pedagógico, mas a sua qualidade, a sua intencionalidade e os seus efeitos imediatos e posteriores.

Esse entendimento é aqui particularmente importante para a compreensão da educação infantil ao longo de sua história, quando realizada por "pajens", "crecheiras", por "auxiliares", "agentes" e "professoras".

É preciso considerar que a própria variedade, e ambiguidade, de denominações dos cargos docentes não intitulados de "professora" denotam uma certa indefinição da identidade profissional e seu *status* ao longo da história da docência nesta área: ora doméstica, "pajem", "babá"; ora lúdica, recreacionista; ora escolar, "educadora", "instrutora"; ora indeterminada, "atendente", "monitora", "auxiliar", "assistente"; ora familiar, "tia".

Outra dimensão desse persistente *status* inferior, que envolve a creche devido à sua função manifesta de cuidado da primeira infância, é a questão de gênero, sendo a docência na educação infantil essencialmente feminina.

Professores homens na educação infantil

Tem crescido a produção de estudos e pesquisas sobre a presença de homens exercendo a docência e outras funções na educação infantil. São estudos que enfatizam a perspectiva da diversidade de gênero e outras abordagens. Indicamos o acesso ao periódico *Zero-a-Seis*, que publicou um dossiê em 2020 tratando dessa temática intitulado "Professores Homens na Educação Infantil: dilemas, tensões, disputas e confluências", v. 22, n. 42, 2020. Apresenta artigos que analisam como as interfaces entre masculinidades, educação e cuidado contribuem para a produção de novas subjetividades. Confira em https://periodicos.ufsc.br/index.php/zeroseis/index.

EM OUTRAS PALAVRAS

Argumenta-se que a formação e a estrutura da força de trabalho na educação infantil não estão separadas dos entendimentos, das concepções sobre o trabalho e sobre as trabalhadoras que se ocupam diretamente do cuidado e educação em creches e pré-escolas. Sendo majoritariamente trabalhadoras, as hierarquias de gênero presentes no mercado de trabalho, bem como as características e objetivos do trabalho na educação infantil, são elementos na constituição da posição e do *status* profissional na área.

Ao longo de sua história, a educação infantil foi institucionalizada como política educacional de Estado e o trabalho docente adquiriu reconhecimento jurídico e um *status* ocupacional diferenciado. Nesse sentido, é pertinente considerar que a profissão docente é uma construção histórica, depende da sociedade, das concepções vigentes sobre a creche/escola e o trabalho docente, do protagonismo dos trabalhadores da educação.

É um campo de trabalho – educar e cuidar de crianças pequenas em instituições educacionais coletivas fora do espaço doméstico – que apresenta algumas características que devem ser consideradas para o entendimento da construção da profissionalidade e da identidade docentes nos sistemas de ensino.

Sendo predominantemente uma área de atuação das mulheres, mais recentemente começamos a observar a presença de alguns homens ocupando funções de professores ou educadores. No Brasil, 97% das funções docentes que atuam nessa etapa da educação básica são exercidas por mulheres, de acordo com as informações do Censo Escolar de 2021. Na creche, são 97,3%, e na pré-escola 94,4%. Já na educação básica como um todo, a presença de mulheres responde pelo percentual de 81%. Essas informações sustentam os estudos que mostram que a docência na educação básica é feminina. Chamamos de feminização da profissão, uma das características da profissão docente, especialmente na educação infantil.

É um campo de trabalho que se alimenta dos conhecimentos e dos discursos relacionados à criança, à infância, à socialização, à educação e ao desenvolvimento infantil. Conhecimentos que evidenciam a complexidade da formação e do trabalho requeridos na área e que, por isso, colocam em questão o senso comum da naturalização do trabalho docente na educação infantil, como um trabalho que só exigiria conhecimentos considerados inerentes à condição feminina.

É preciso igualmente ressaltar o papel das instituições de formação de professoras, bem como da pesquisa e dos movimentos sociais na construção das identidades profissionais e na difusão de conhecimentos sistematizados sobre o cuidado e a educação de crianças pequenas nas instituições educacionais. A organização social e sindical das trabalhadoras na área é também elemento que condiciona a construção da profissionalidade e da identidade docente na educação infantil.

Ao longo dos últimos 30 anos, desde os anos de 1990, a docência na educação da primeira infância vem sendo regulamentada e aperfeiçoada, principalmente, por influência do esforço acadêmico e ativista de especialistas de universidades e institutos de pesquisa e de professoras que atuam na educação básica, organizadas em sindicatos e outros coletivos de militância.

Existe um conjunto de estudos, em escala municipal e estadual, publicados em quantidade crescente nos últimos anos, que, por um lado, identificam "melhorias" e "avanços" locais ou regionais, como a adequação dos vencimentos ao piso legal, e, por outro, observam "pioras" e "retrocessos", como a criação de cargo específico para o exercício da docência na primeira etapa da educação básica sem exigência de habilitação em magistério. Essa situação vem sendo observada em muitos municípios, conforme mostram os estudos e os depoimentos colhidos nos encontros dos Fóruns de Educação Infantil.

Essas realidades nos evidenciam que os processos constituintes das ocupações profissionais são multidirecionais, pois apresentam tendências opostas e diversas, podendo ter certos aspectos se aperfeiçoando e outros se deteriorando concomitantemente, dependendo de um conjunto de fatores relacionados sobretudo com as concepções sobre o trabalho docente na educação infantil, muito especialmente com as crianças de 0 a 3 anos, e com os custos financeiros desse atendimento.

AMPLIANDO O DEBATE

- Site do Grupo de Estudos sobre Política Educacional e Trabalho Docente – Gestrado/UFMG. Criado em 2002, tem como objetivo analisar as políticas educacionais relacionadas à gestão educacional e ao trabalho docente. Nesse site, você encontrará artigos, livros e teses que tratam dessas temáticas e o dicionário com verbetes relacionados às temáticas "Trabalho docente, profissão e condição docente". Disponível em: https://gestrado.net.br/.

- Vídeo – A docência na educação infantil - Parte 1: https://www.youtube.com/watch?v=f5JVSBvnID4; Parte 2: https://www.youtube.com/watch?v=ib-rxy58Cu8. Trata-se da palestra proferida pela professora Isabel Oliveira e Silva, da Universidade Federal de Minas Gerais na qual ela aborda as temáticas da identidade profissional e das especificidades da docência na educação infantil. Esse vídeo integra o material didático da Coleção Leitura e Escrita na Educação Infantil que pode ser acessado na íntegra acessando o link https://projetoleituraescrita.com.br/. O primeiro caderno desta coleção, "Docência na Educação Infantil: entre o ensinar e o aprender", aborda temas como o papel da cultura na formação das professoras da Educação Infantil; a identidade dessas profissionais, as especificidades da ação docente junto a bebês e demais crianças de até 6 anos.

- O periódico intitulado *Zero-a-Seis*, uma publicação semestral do Núcleo de Estudo e Pesquisas da Educação na Pequena Infância do Centro de Educação da Universidade Federal de Santa Catarina (Nupein-CED-UFSC). É inteiramente consagrado aos estudos da infância e à educação de bebês e crianças pequenas. Em vários de seus artigos e dossiês publicados, temos acesso aos estudos sobre a docência na educação infantil, bem como artigos enfocando os temas da diversidade, das diferenças. É uma excelente fonte para leituras atualizadas sobre educação infantil no Brasil e no mundo. Acessível em https://periodicos.ufsc.br/index.php/zeroseis/issue/archive.

Referências

BRASIL. Constituição da República Federativa do Brasil de 1988. *Diário Oficial da União*, Brasília, DF, 5 out. 1988.

BRASIL. Lei nº 13.005, de 25 de junho de 2014. Aprova o Plano Nacional de Educação – PNE e dá outras providências. *Diário Oficial da União*, Brasília/DF, 26 jun. 2014.

BRASIL. Instituto Nacional de Estudos e Pesquisas Educacionais Anísio Teixeira (Inep). Resumo Técnico: Censo Escolar da Educação Básica 2021. Brasília, DF: Inep, 2021. Disponível em: https://download.inep.gov.br/censo_escolar/resultados/2021/apresentacao_coletiva.pdf. Acesso em: 12 fev. 2023.

BRASIL. Lei nº 11.738, de 16 de julho de 2008. Regulamenta a alínea "e" do inciso III do caput do art. 60 do Ato das Disposições Constitucionais Transitórias, para instituir o piso salarial profissional nacional para os profissionais do magistério público da educação básica. *Diário Oficial da União*, Brasília, DF, 17 jul. 2008.

BRASIL. Lei nº 12.014, de 06 de agosto de 2009. Altera o art. 61 da Lei no 9.394, de 20 de dezembro de 1996, com a finalidade de discriminar as categorias de trabalhadores que se devem considerar profissionais da educação. *Diário Oficial da União*, Brasília/DF, 7 ago. 2009.

BRASIL. Lei nº 9.394, de 20 de dezembro de 1996. Estabelece as diretrizes e bases da educação nacional. *Diário Oficial da União*, Brasília/DF, 23 dez. 1996.

BRASIL. Ministério da Educação e Cultura. *Diagnóstico preliminar da educação pré-escolar no Brasil*. Ministério da Educação e Cultura. Coordenação de Educação Pré-escolar. Brasília: MEC/DDD, 1975.

OLIVEIRA, Dalila Andrade. Trabalho Docente. In; OLIVEIRA, D. A.; DUARTE, A. M. C.; VIEIRA, L. M. F. *Dicionário*: trabalho, profissão e condição docente. Belo Horizonte: UFMG/Faculdade de Educação, 2010. Disponível em:https://gestrado.net.br/dicionario-de-verbetes/. Acesso em: 20 jul. 2022.

OLIVEIRA, Tiago Grama de. *Docência e educação infantil*: formação, condições de trabalho e profissão docente. Belo Horizonte, 2017. Dissertação (Mestrado em Educação) – Faculdade de Educação, Universidade Federal de Minas Gerais, Belo Horizonte.

ROSEMBERG, Fúlvia. A educação pré-escolar brasileira durante os governos militares. São Paulo, *Cadernos de Pesquisa*, n. 82, pp. 21-30, ago. 1992.

ROSEMBERG, Fúlvia. O movimento de mulheres e a abertura política no Brasil: o caso da creche. *Cadernos de Pesquisa*, São Paulo, n. 51, pp. 73-79, nov. 1984.

TARDIF, Maurice; LESSARD, Claude. *O trabalho docente*: elementos para uma teoria da docência como profissão de interações humanas. 9. ed. Petrópolis: Vozes, 2014.

VIEIRA, Lívia Maria Fraga. Uma história da política de creches no Brasil: o Projeto Casulo da LBA (1977-1985). *Zero-a-Seis*, Florianópolis, v. 24, n. 45, pp. 34-66, jan./jun., 2022. DOI: https://doi.org/10.5007/1518-2924.2022.e82864. Acesso em: 13 fev. 2023.

Para refletir e continuar o diálogo

As reflexões suscitadas ao longo deste livro nos permitem concluir que a educação infantil, além de ser um campo de conhecimentos e de atuação específicos, é um campo de lutas por significados, por valores, por concepções que orientam a organização das leis, das políticas, dos programas e das práticas educativas. Essas concepções, por sua vez, variam de acordo com a época, a cultura e a sociedade. Variam também de acordo com as maneiras com as quais as famílias se organizam, com as tendências de crescimento e organização da população, com o lugar ocupado pela mulher na família e na sociedade e com as visões que são construídas sobre o trabalho feminino fora do domicílio. E também segundo a(s) concepção(ões) de criança e de infância presentes em uma sociedade.

Por tudo isso, a consolidação dos preceitos constitucionais, que afirmam a educação infantil como direito das crianças, é tributária do projeto político e das visões de governo e de sociedade presentes em um determinado contexto histórico. No Brasil, a tensão em relação ao papel do

Estado persiste. De um lado, a luta por fazer valer os preceitos constitucionais segundo os quais a política social é concebida como dever do Estado, que destina verbas e se compromete com a construção de prédios, com a compra e manutenção de equipamentos, de materiais e com a valorização e a formação de profissionais. De outro lado, a negação ou o enfraquecimento desses preceitos. Nesse caso, defende-se a redução das políticas públicas e até mesmo sua extinção, em alguns casos, desobrigando o poder público e reforçando o papel da filantropia ou de outras forças sociais, tais como organizações não governamentais (ONGs), grupos de empresários etc. Se no primeiro caso as políticas sociais assumem um caráter universalista, isto é, como direito de todos; no segundo caso, essas políticas são focalizadas, restritas, seletivas e atingem apenas aqueles que se enquadram em determinados critérios, por exemplo, riscos sociais, níveis de pobreza, segmento profissional. Dependendo de uma ou outra posição, as instituições infantis figuram-se como benefício, favor, auxílio ou, de outra parte, como direito de todas as crianças e de suas famílias, sem distinção de credo, raça, cor, sexo, opinião política, origem social ou qualquer outra condição.

O direito da criança de 0 a 6 anos à educação, como vimos, pressupõe, para sua efetivação, o acesso, a permanência e a qualidade do atendimento. Diante dos desafios para sua concretização, é preciso reconhecer que o direito à educação infantil, embora proclamado, é ainda um campo em construção na sociedade brasileira. Enquanto persistir a escassez de recursos financeiros; crianças presas dentro de suas casas, na ausência de responsáveis que saem para o trabalho; crianças confinadas em espaços institucionais extradomésticos ou até mesmo em creches ou pré-escolas sem qualidade; educadores/as e equipes profissionais sem escolaridade e sem qualificação, não será possível generalizar a educação infantil como direito.

Diante do que discutimos, gostaríamos de assinalar alguns aspectos que consideramos essenciais para a formação das futuras profissionais que atuarão junto a crianças de 0 a 6 anos em instituições educativas.

Em primeiro lugar, destacamos a necessidade de se levar em conta os conceitos de infância e de educação infantil como construções históricas, fruto de representações, valores, concepções que se modificam ao longo do tempo e que expressam aquilo que a sociedade entende, em um determinado momento histórico, por criança, infância, educação, política de infância, instituição de educação infantil etc.

Em segundo lugar, é importante considerar que a educação infantil, além de ser um campo de conhecimentos específicos, integra uma política social mais ampla, faz parte de um sistema maior de apoio destinado a promover o bem-estar das crianças e de suas famílias. Em municípios nos quais se implementaram políticas públicas em consonância com os preceitos legais e normativos vigentes, uma visita a uma escola de educação infantil permite assistir a uma vigorosa política social, que reúne ações de diferentes áreas, tais como saúde alimentar – com as ações da Política Nacional de Alimentação Escolar (PNAE); prevenção a doenças, com o acompanhamento do sistema de vacinação; apoio especializado a crianças com deficiência realizado por profissionais do Atendimento Educacional Especializado (AEE); excursões a espaços culturais da cidade, como, por exemplo, praças, cinemas, teatros, museus, em parceria com agentes culturais, dentre muitas outras ações e projetos que caracterizam a integração entre as políticas sociais voltadas para a primeira infância. O acesso à creche e à pré-escola é, portanto, um direito que cria muitos outros direitos e traz a criança para a cena pública, corresponsabilizando poder público e família na educação e no cuidado dos bebês e das demais crianças pequenas.

Em terceiro lugar, não podemos nos esquecer de que a noção ou conceito da creche e da pré-escola como direito social foi introduzida no Brasil pela ação dos novos movimentos sociais, emergentes no final dos anos 1970. Esses movimentos contribuíram para a ampliação da cidadania de vários grupos sociais, como as crianças, as mulheres, os negros, os LGBTQIA+, os ambientalistas etc., que tiveram e ainda têm papel fundamental na construção de novos direitos e na instauração de novos sujeitos de direitos, também com idades mais precoces. Significa dizer que o "direito a ter direitos", marca das democracias, se faz presente nas lutas por creches e pré-escolas de tempo integral, com profissionais remunerados dignamente, cujas carreiras possuam atrativos financeiros e intelectuais, cuja pedagogia respeite ritmos, interesses e processos de bebês e demais crianças pequenas, cujo projeto pedagógico contemple as diversidades e reforce a luta por uma sociedade antirracista, democrática e inclusiva.

Esperamos que os conteúdos apresentados e discutidos neste livro inspirem professoras e professores do ensino superior e também de cursos de formação continuada a realizarem qualificadas e profícuas discussões junto aos profissionais que assumirão a complexa tarefa de cuidar e de educar os que acabaram de chegar. Esperamos ainda que o façam considerando que esse encontro entre os que aqui estão há mais tempo e os recém-chegados seja permeado de generosidade e humildade por ter a força da solidariedade, da empatia e da alteridade. Que seja um caminho percorrido de mãos dadas.

As autoras

Lívia Fraga Vieira é psicóloga e doutora em Educação pela Université René Descartes – Paris 5, França. É professora associada da Faculdade de Educação da Universidade Federal de Minas Gerais (UFMG), vice-coordenadora do Grupo de Estudos sobre Política Educacional e Trabalho Docente (Gestrado) e membro do Núcleo de Estudos e Pesquisas sobre Infâncias e Educação Infantil (Nepei) da Faculdade de Educação da UFMG. Filiada à Associação Nacional de Pós-graduação e Pesquisa em Educação (ANPEd), participa do GT07 – Educação da Criança de 0 a 6 anos. É membro do Movimento Interfóruns de Educação Infantil do Brasil (Mieib).

Mônica Correia Baptista é pedagoga e doutora em Educação pela Universidade Autônoma de Barcelona, Espanha. É professora associada da Faculdade de Educação da Universidade Federal de Minas Gerais (UFMG), líder do grupo de pesquisa em Leitura e Escrita na Primeira Infância (Lepi) e membro do Núcleo de Estudos e Pesquisas sobre Infâncias e Educação Infantil da Faculdade de Educação da UFMG. É membro do Movimento Interfóruns de Educação Infantil do Brasil (Mieib) e da Associação Brasileira de Alfabetização (ABAlf).

CADASTRE-SE
EM NOSSO SITE,
FIQUE POR DENTRO DAS NOVIDADES
E APROVEITE OS MELHORES DESCONTOS

LIVROS NAS ÁREAS DE:

História | Língua Portuguesa
Educação | Geografia | Comunicação
Relações Internacionais | Ciências Sociais
Formação de professor | Interesse geral

ou
editoracontexto.com.br/newscontexto

Siga a Contexto
nas Redes Sociais:
@editoracontexto

GRÁFICA PAYM
Tel. [11] 4392-3344
paym@graficapaym.com.br